Triple P Elternarbeitsbuch

Triple P - Positive Lösungen in der Erziehung

Carol Markie-Dadds MPsychClin
Matthew R. Sanders PhD
Karen M.T. Turner PhD

Herausgegeben von
Triple P International Pty. Ltd. ABN 17 079 825 817
PO Box 1300
Milton QLD 4064
AUSTRALIA

Website: www.triplep.net, www.triplep.de, www.triplep.ch

First published 1999
Edition II published 2001
Edition III published 2010

English Version
Every Parent's Self-Help Workbook (Edition III)

German Version
Triple P Elternarbeitsbuch

Autoren: Carol Markie-Dadds, Matthew R. Sanders and Karen M. T. Turner
Revised 2021, reprinted 2025

ISBN 978-3-944020-02-0

Gestaltung: Jamtoast, Brisbane
Covergestaltung: Tess McCabe, www.tessmccabe.com.au
Cartoons: Heck Lindsay
Satz: Internetlitho, Münster
Bilder: © 2009 Jupiterimages Corporation
© 2009 Brand X Images
© 2009 Getty Images
© 2011 Fotolia
Druck: Hang Tai Printing Co. Ltd (China)

Die in dieser Veröffentlichung abgebildeten Fotos stellen Modelle dar und werden nur zu Illustrationszwecken genutzt.

Inhalt

Danksagung

Triple P – Positive Parenting Program wurde am Parenting and Family Support Centre der University of Queensland in Australien entwickelt. Viele der in diesem Buch dargestellten Ideen und Prinzipien der Positiven Erziehung basieren auf den Erfahrungen und Rückmeldungen der Eltern und Kinder, die an Studien, Therapie- und Elternangeboten teilgenommen haben. All diesen Familien möchten die Autoren herzlich danken. Ihnen ist Triple P gewidmet. Außerdem bedanken sich die Autoren für die finanzielle Unterstützung durch Queensland Health, das Victorian Department of Human Services, das Health Department of Western Australia, den National Health and Medical Research Council of Australia, die School of Psychology und das Department of Psychiatry der University of Queensland. Sie alle haben zur Weiterentwicklung von Triple P beigetragen.

Über die Autoren

Carol Markie-Dadds ist Beraterin für Strategie- und Geschäftsentwicklung für Einrichtungen, die Dienstleistungen in den Bereichen Bildung, Gesundheit und Kinderschutz anbieten. Seit 2015 leitet sie im Auftrag von Triple P International den landesweiten Rollout von Triple P in Queensland. Vor 2013 hatte sie leitende Funktionen im öffentlichen Dienst von Queensland inne. In diesen Funktionen leistete sie strategische Beratung zu künftigen politischen Ausrichtungen in einer Reihe von Ministerien, zur Durchführung landesweiter Reformen, darunter die erfolgreiche Einführung des allgemeinen Zugangs zu Kindergärten in Queensland, sowie zur Koordinierung von frühkindlichen Bildungs- und Betreuungsdiensten. Sie engagiert sich für evidenzbasierte Politikgestaltung und einen Brückenschlag zwischen Forschung und Praxis. Carol Markie-Dadds erhielt den Mastertitel in Klinischer Psychologie an der Universität von Queensland und war maßgeblich an der Entwicklung von Triple P-Materialien für Fachkräfte und Eltern beteiligt. Sie führte eine erfolgreiche Privatpraxis und war als Beraterin für die Landesregierung bei der Implementierung von Programmen zur Unterstützung von Familien im Gesundheitswesen tätig.

Matthew Sanders ist Professor für Klinische Psychologie und hat das Parenting and Family Support Centre der Universität von Queensland geleitet. Er ist Consulting Professor an der Universität von Manchester, Gastprofessor an der Universität von South Carolina und hat Lehraufträge an der Glasgow Caledonian University und der Universität von Auckland. Als Entwickler von Triple P – Positive Parenting Program nimmt Professor Sanders eine weltweit führende Stellung in der Entwicklung, Implementierung, Evaluierung und Dissemination populationsbasierter Ansätze für Erziehungs- und Familienprogramme ein. Triple P wird gegenwärtig in vielen Ländern weltweit eingesetzt. Die Arbeit von Professor Sanders genießt hohes internationales Ansehen, das sich in einer Reihe prestigeträchtiger Auszeichnungen widerspiegelt: Im Jahr 2007 erhielt er den President's Award for Distinguished Contribution to Psychology von der Australian Psychological Society, und 2004 erhielt er einen International Collaborative Prevention Research Award von der Society for Prevention Research in den USA. Außerdem erhielt er 2007 einen UniQuest Trailblazer Award von der Parenting and Families Special Interest Group in der Association for Behavioural and Cognitive Therapy, und ist seit 2008 Mitglied der New Zealand Psychological Society. Des Weiteren hat Professor Sanders einen Distinguished Career Award von der Australian Association for Cognitive and Behaviour Therapy gewonnen, wurde zum Ehrenpräsidenten der Canadian Psychological Association ernannt (2009) und als Queenslander of the Year ausgezeichnet (2007).

Karen Turner ist stellvertretende Leiterin des Parenting and Family Support Centre an der Universität von Queensland. Als klinische Psychologin und Wissenschaftlerin war sie maßgeblich an der Entwicklung von Triple P Materialien für Fachkräfte und Eltern beteiligt. Sie ist Mitautorin einer Reihe von Manualen und Fortbildungsmaterialien, Elternarbeitsbüchern und Kleinen Helfern sowie Video-Programmen, die derzeit in über 25 Ländern eingesetzt werden. Ihre Arbeit umfasst Beratungsprojekte für Landes- und Bundesministerien sowie Initiativen der Privatwirtschaft. Sie verfügt über umfassende klinische und wissenschaftliche Erfahrungen in der Prävention und Behandlung einer Vielzahl von Verhaltensauffälligkeiten und emotionaler Störungen im Kindesalter, einschließlich Fütterstörungen, Schmerzsyndrome und Störungen des Sozialverhaltens. Ein Hauptaugenmerk liegt auf dem Abbau von Barrieren beim Zugang zu evidenzbasierter Eltern- und Familienhilfe im Gemeinwesen. Für ihre Doktorarbeit erhielt sie den Zonta International Memorial Prize und die Dean's Commendation der University of Queensland. Ihre Forschung befasst sich vor allem mit der Entwicklung und Evaluation von Konzepten zur Mini-Kurzberatung für die Prävention von Verhaltensproblemen bei Kindern und der Verbreitung dieser Interventionen unter Fachleuten. Ihre Arbeit umfasst die fortlaufende Programmentwicklung, die Erforschung von Medien und interaktiven Online-Programmformaten und die Erleichterung des Zugangs zur Elternunterstützung für indigene Familien.

Vorwort

Ziel von Triple P - Positive Parenting Program ist es, die Erziehung und Begleitung von Kindern zu erleichtern. Dieses Arbeitsbuch gibt Tipps und Anregungen zur Positiven Erziehung, die Ihnen helfen sollen, das Elternsein zu genießen und Ihr Kind in seiner Entwicklung zu unterstützen.

Eltern zu sein kann sehr schön und beglückend sein, es ist aber nicht immer einfach. Denn die Erziehung und Begleitung von Kindern ist oft auch herausfordernd, anstrengend und frustrierend. Die nächste Generation großzuziehen, ist für Eltern eine verantwortungsvolle Aufgabe – und trotzdem beginnen die meisten ihre elterliche Laufbahn ohne Vorbereitung auf das, was auf sie zukommt. Meist lernen wir durch Versuch und Irrtum. Die große Herausforderung besteht wohl darin, trotzdem gesunde, ausgeglichene Kinder in einer liebevollen und für die Kinder vorhersehbaren Umgebung großzuziehen.

Es gibt nicht den einzig richtigen Weg Eltern zu sein oder sich um ein Kind zu kümmern, und es gibt viele Ansichten darüber, wie man seine Kinder erziehen sollte. Letztlich entscheiden Sie als Eltern, welche Werte, Fähigkeiten und Verhaltensweisen Sie bei Ihrem Kind fördern möchten, wie Sie ihm diese beibringen und wie Sie mit schwierigem Verhalten Ihres Kindes umgehen wollen. Triple P hat sich für viele Eltern als hilfreich erwiesen. Vielleicht kann das Programm auch Ihnen einige Ideen und Tipps bieten, um mit den Herausforderungen des Elternseins besser umgehen zu können.

Wir hoffen, dass Ihnen dieses Programm dabei hilft, eine der wichtigsten und schönsten Aufgaben der Gesellschaft zu übernehmen – nämlich die nächste Generation großzuziehen.

Hinweis: Wir bemühen uns um geschlechtersensible Sprache, gleichzeitig sollen die Texte auch lesbar für die Zielgruppe sein. An verschiedenen Stellen finden wir verschiedene Lösungen. Lassen Sie uns gerne wissen, wenn Ihnen Stellen auffallen, an denen wir es zukünftig noch besser machen können.

Zur Arbeit mit diesem Buch

Dieses Arbeitsbuch kann allein oder zusammen mit Triple P Online verwendet werden. Sie werden gebeten, jede Woche bestimmte Abschnitte in Ihrem Arbeitsbuch zu lesen und Aufgaben dazu zu bearbeiten. Am Ende des Arbeitsbuches finden Sie Lösungsvorschläge für die Übungen, die Ihnen helfen sollen, die positiven Erziehungsfertigkeiten in Ihrer Familie selbst mit Leben zu füllen.

Das Triple P-Elternarbeitsbuch ist so konzipiert, dass Sie so bald wie möglich alle Informationen und Fertigkeiten besitzen, die Sie brauchen, um die positiven Erziehungsfertigkeiten auszuprobieren. Daher könnten Sie in manchen Wochen mehr zu lesen und mehr Übungen zu erledigen haben, als in anderen Wochen. Die Übungen sind so angelegt, dass sie Sie dabei unterstützen, die vorgestellten Erziehungskompetenzen in Ihrer Familie umzusetzen. Sie werden jede Woche gebeten, einige der Anregungen zu Hause auszuprobieren. Das gibt Ihnen die Möglichkeit zu sehen, ob die Erziehungsfertigkeiten Ihren Bedürfnissen entsprechen. Damit sich das Programm für Sie lohnt, ist es wichtig, dass Sie versuchen, die Aufgaben zu erledigen.

Das Programm ist so aufgebaut, dass Sie es in zehn Wochen durcharbeiten können, wenn Sie sich einmal pro Woche Zeit nehmen. Am besten ist es, wenn Sie die jeweiligen Texte lesen und die dazugehörigen Übungen direkt bzw. in der gleichen Woche durchführen. Lesen Sie nicht zu viel Text an einem Stück und versuchen Sie nicht, alle Übungen auf einmal zu erledigen. Wenn in Ihrer Familie beide Elternteile an der Erziehung beteiligt sind, ist es ratsam, dass Sie das Arbeitsbuch zusammen durchgehen. Wenn dies nicht möglich ist, können Sie das Arbeitsbuch jedoch auch alleine erfolgreich durcharbeiten.

Triple P Online und Kontakt

Triple P Online

Triple P Online ist eine internetbasierte und interaktive Variante von Triple P. Im Rahmen von acht Modulen lernen Sie auf abwechslungsreiche Weise die Inhalte von Triple P kennen, hören von den Erfahrungen anderer Eltern und werden angeregt, Inhalte auszuwählen und auf Ihren eigenen Familienalltag zu übertragen.

Weitere Informationen über Triple P Online finden Sie auf unserer Elternseite: www.triplep-eltern.de

Kontakt

Triple P Deutschland GmbH
Nordstraße 22
48149 Münster
Tel.: 0251 – 518941

Für weitere Information stehen wir Ihnen unter der genannten Telefonnummer oder per E-Mail unter info@triplep.de gerne zur Verfügung.

Ihr persönlicher Einsatz

Dieses Arbeitsbuch wurde entwickelt, um Sie in Ihrer Elternrolle zu unterstützen. Dieses Ziel kann jedoch nur erreicht werden, wenn Sie bereit sind, Zeit zu investieren und mitzuarbeiten. Ihr Einsatz kann sich lohnen: Wenn Sie sich mit den folgenden Inhalten beschäftigen und sich auf die Übungen einlassen, erlernen Sie neue Erziehungsfertigkeiten und vielleicht auch neue Wege zu denken, zu handeln und Ihr Leben zu organisieren. Der Nutzen wird für Sie umso größer sein, je mehr Sie die neuen Fertigkeiten üben und je länger Sie am Ball bleiben. Überlegen Sie also bevor Sie beginnen, wie viel Einsatz und Ausdauer Sie aufbringen können. Im Folgenden können Sie eine Abmachung mit sich selbst treffen, dass Sie das Arbeitsbuch bis zum Ende durcharbeiten werden.

Ich (Name) .... nehme mir vor, das Elternarbeitsbuch aktiv zu nutzen. Ich bin in der Lage... (bitte kreuzen Sie die entsprechenden Aspekte an)

☐ ...mir pro Woche mindestens eine Stunde Zeit zu nehmen, um mit dem Elternarbeitsbuch zu arbeiten.

☐ ...die Informationen zu lesen und die Aufgaben durchzuführen.

☐ ...die vorgeschlagenen praktischen Übungen durchzuführen.

Unterschrift: ....Datum: ....

Ich (Name) .... nehme mir vor, mich aktiv an diesem Programm zu beteiligen. Ich bin in der Lage... (bitte kreuzen Sie die entsprechenden Aspekte an)

☐ ...mir pro Woche mindestens eine Stunde Zeit zu nehmen, um mit dem Elternarbeitsbuch zu arbeiten.

☐ ...die Informationen zu lesen und die Aufgaben durchzuführen.

☐ ...die vorgeschlagenen praktischen Übungen durchzuführen.

Unterschrift: ....Datum: ....

Nun, da Sie sich Gedanken über Ihren persönlichen Einsatz gemacht haben und eine Idee davon bekommen haben, was Sie erreichen können, wünschen wir Ihnen viel Erfolg mit dem Triple P-Elternarbeitsbuch und dass Sie es als hilfreich und informativ erleben.

Überblick über das Triple P-Elternarbeitsbuch

WOCHE	THEMENÜBERSICHT
1	• Was ist Positive Erziehung? • Einflüsse auf das Verhalten von Kindern • Ziele für Veränderungen • Das Verhalten von Kindern im Blick behalten
2	• Die Entwicklung von Kindern fördern • Die Beziehung zu Kindern stärken • Wünschenswertes Verhalten unterstützen • Neue Fertigkeiten und Verhaltensweisen beibringen
3	• Kindern Orientierung geben • Erziehungsroutinen entwickeln • Die Punktekarte fertigstellen
4	• Eine praktische Übung entwerfen • Die eigene Umsetzung der Erziehungsfertigkeiten im Blick behalten • Rückschau halten
5	• Eine praktische Übung entwerfen • Die eigene Umsetzung der Erziehungsfertigkeiten im Blick behalten • Rückschau halten
6	• Eine praktische Übung entwerfen • Die eigene Umsetzung der Erziehungsfertigkeiten im Blick behalten • Rückschau halten
7	• Überlebenstipps für Familien • Risikosituationen • Aktivitätenpläne
8	• Rückschau auf die Umsetzung der Aktivitätenpläne halten • Weitere Planung
9	• Rückschau auf die Umsetzung der Aktivitätenpläne halten • Weitere Planung
10	• Rückschau auf die Umsetzung der Aktivitätenpläne halten • Das Programm ausklingen lassen • Bilanz ziehen • Veränderungen aufrechterhalten • Zukünftige Probleme lösen

Woche 1

Positive Erziehung

Überblick

In der ersten Woche werden die Ziele und Inhalte von Triple P vorgestellt. Sie werden Gelegenheit haben, über Ihre eigenen Erfahrungen als Mutter oder Vater und Ihre Vorstellungen von Erziehung nachzudenken. Des Weiteren werden Sie die Grundprinzipien der Positiven Erziehung von Kindern kennenlernen, und sich mit Einflüssen auf das Verhalten von Kindern beschäftigen. Zum Schluss überlegen Sie sich Ziele für Veränderungen im Verhalten Ihres Kindes und in Ihrem eigenen Verhalten und beginnen, das Verhalten Ihres Kindes im Blick zu behalten.

Am Ende der ersten Sitzung sollten Sie in der Lage sein:

- positives Erziehungsverhalten zu beschreiben und zu wissen, was es beinhaltet,
- Einflüsse auf das Verhalten Ihres Kindes erkennen,
- sich Ziele zu setzen für Veränderungen im Verhalten Ihres Kindes und in Ihrem eigenen Verhalten und
- mit der systematischen Beobachtung von ein oder zwei Verhaltensweisen Ihres Kindes zu beginnen.

Vielleicht nehmen Sie am Triple P-Programm teil, weil Sie wissen möchten, wie Sie besser mit herausforderndem Verhalten Ihres Kindes (z.B. aggressivem Verhalten, mangelnder Kooperation oder Wutanfällen) zurechtkommen können. Vielleicht suchen Sie auch nach Lösungen für allgemeinere, alltägliche Schwierigkeiten (z.B. mit Kindern einkaufen gehen, Kinder dazu bringen, im Haushalt zu helfen oder nachts im eigenen Bett zu schlafen). Vielleicht wollen Sie die Möglichkeiten der Positiven Erziehung auch ganz einfach kennen lernen, um Ihr Kind in seiner Entwicklung zu fördern. Was auch immer Ihre Gründe sind, wir hoffen, dass sowohl Sie als auch Ihr Kind von der Positiven Erziehung profitieren werden.

Übung 1 Was Sie gerne aus dem Programm mitnehmen möchten

Überlegen Sie, warum Sie das Triple P-Programm durchführen möchten und was Sie sich von dieser Erfahrung erhoffen. Notieren Sie Ihre Ideen in diesem Feld.

....

....

....

....

....

Was ist Positive Erziehung?

Positive Erziehung hat das Ziel, die Entwicklung von Kindern zu fördern und mit schwierigem Verhalten in einer konstruktiven und nicht verletzenden Weise umzugehen. Grundlage dafür ist, eine gute Beziehung zu Kindern zu stärken und die individuelle Entwicklung der Kinder zu fördern. Hierfür werden Ihnen konkrete Handlungswege aufgezeigt, sogenannte „Erziehungsfertigkeiten". Eltern können ihren Kindern durch eine Positive Erziehung helfen, ihre Fähigkeiten zu entwickeln und ein positives Selbstbild aufzubauen. Solche Kinder werden mit geringerer Wahrscheinlichkeit Verhaltensauffälligkeiten entwickeln. Positive Erziehung basiert auf den folgenden fünf Grundprinzipien:

Für eine liebevolle, sichere und interessante Umgebung sorgen

Kinder brauchen eine liebevolle, sichere Umgebung und viele Beschäftigungsmöglichkeiten.

Unfälle im Haus sind eine der Hauptursachen für Verletzungen bei kleineren Kindern. Beugen Sie ihnen vor und machen Sie Ihre Wohnung kindersicher, indem Sie gefährliche oder zerbrechliche Dinge (z.B. Medikamente oder Gläser) außer Reichweite stellen und verhindern, dass Ihr Kind in unsichere Bereiche des Hauses gelangt (z.B. mit einem Schutzgitter). Wenn Ihr Haus kindersicher ist, können Sie selbst entspannter sein und Ihr Kind auf „Entdeckungsreise" schicken.

Eine interessante Umgebung bietet Kindern viele Möglichkeiten zum Entdecken, Erforschen, Ausprobieren sowie zur Entwicklung ihrer Fähigkeiten. Wenn Ihr Kind interessante Beschäftigungen hat (z.B. zeichnen, tanzen, kochen, bauen, sich miteinander unterhalten und spielen), wird seine sprachliche und geistige Entwicklung gefördert. Es lernt, sich auf etwas zu konzentrieren und selbstständig zu werden. Außerdem verringert sich die Wahrscheinlichkeit für problematisches Verhalten, wenn Ihr Kind beschäftigt ist und sich nicht langweilt.

Kinder müssen auch angemessen beaufsichtigt werden. Dies bedeutet, dass Eltern jederzeit wissen sollten, wo sich ihr Kind gerade aufhält, mit wem es zusammen ist und was es tut. Wenn Sie wissen, dass Sie Ihr Kind einmal nicht beaufsichtigen können, sorgen Sie dafür, dass jemand Vertrauenswürdiges auf es aufpasst.

Eine positive und anregende Lernatmosphäre schaffen

Eltern müssen für ihre Kinder da sein, um sie zum Beispiel beim Bewältigen von Entwicklungsschritten zu unterstützen. Das bedeutet jedoch nicht, dass sie ununterbrochen mit ihnen zusammen sein müssen. Es geht darum, dann voll und ganz für Kinder da zu sein, wenn sie Unterstützung, Zuwendung oder Aufmerksamkeit benötigen. Wenn sich Ihr Kind an Sie wendet, unterbrechen Sie, wenn möglich, Ihre Tätigkeit und beschäftigen Sie sich für kurze Zeit mit ihm.

Unterstützen Sie Ihr Kind beim Lernen, indem Sie es dazu ermutigen, Dinge selbst auszuprobieren und indem Sie wünschenswertes Verhalten beachten. Wenn Ihr Kind etwas tut, was Sie gut finden, schenken Sie ihm Aufmerksamkeit. Wenn Ihr Kind erlebt, dass Sie sein Verhalten mögen, wird es dies gern häufiger zeigen.

Sich konsequent verhalten

Sie können die Persönlichkeit Ihres Kindes respektieren und trotzdem von ihm erwarten, dass es bestimmte Grenzen und Regeln einhält. Konsequent sein bedeutet, - auf angemessene Art und Weise - sofort, konsistent (also mit gleichartigen Reaktionen in vergleichbaren Situationen) und entschieden auf herausforderndes Verhalten zu reagieren. Dabei ist es am besten, ruhig zu bleiben und nicht zu schreien, zu schimpfen, zu drohen oder zu schlagen.

Wenn Eltern bei der Erziehung und Begleitung konsequent sind, lernen Kinder, Verantwortung für ihr Handeln zu übernehmen, die Bedürfnisse anderer wahrzunehmen und Selbstkontrolle zu erlangen. Kinder entwickeln außerdem mit geringerer Wahrscheinlichkeit Verhaltensauffälligkeiten, wenn ihre Eltern auf vorhersehbare Art und Weise reagieren.

Realistische Erwartungen entwickeln

Jedes Kind ist einmalig und lernt und entwickelt sich in seinem persönlichen Tempo. Einige lernen schneller, andere brauchen länger. Die Toilette zu benutzen, sich anzuziehen, im Haushalt zu helfen und unabhängiger zu werden, sind alles Fähigkeiten, die Kinder auf unterschiedlichen Entwicklungsstufen lernen.

Kein Kind wird sich immer gut benehmen und das können wir auch nicht von ihnen erwarten. Probleme können auftreten, wenn Eltern zu viel erwarten oder wenn sie glauben, ihr Kind müsse perfekt sein (wenn Eltern beispielsweise erwarten, dass ihr Kind immer freundlich, fröhlich, ordentlich und hilfsbereit ist). Manchmal brauchen Kinder länger, als wir erwarten, um Dinge zu lernen, oder sie haben einfach einen schlechten Tag. Es ist wichtig, dass Eltern (oder andere Personen, die sich um ein Kind kümmern) wissen, was Kinder in welchem Alter können, und realistische Erwartungen haben, wann Kinder bereit sind, etwas Neues zu lernen.

Ebenso wichtig ist es für Eltern, realistische Erwartungen an sich selbst zu haben. Es ist gut, wenn Eltern versuchen ihr Bestes zu geben. Wenn Eltern jedoch an sich selbst den Anspruch haben, perfekt zu sein, führt das meist nur zu Enttäuschungen und Frustrationen. Seien Sie also realistisch. Alle Eltern machen Fehler und lernen durch Erfahrungen.

Die eigenen Bedürfnisse beachten

Wenn Eltern ihre eigenen Bedürfnisse beachten, fällt ihnen die Erziehung meist leichter. Erwachsene haben Bedürfnisse genau wie Kinder auch. Wir brauchen das Gefühl, jemandem nahe zu sein und verstanden zu werden. Wir brauchen Zeit mit unseren Freunden, Zeit für uns selbst und Zeit, Dinge zu tun, die uns Freude bereiten. Gute Eltern zu sein bedeutet nicht, dass die Kinder das Leben ihrer Eltern völlig beherrschen. Es fällt Ihnen wahrscheinlich viel leichter, geduldig mit Ihren Kindern umzugehen und für sie da zu sein, wenn Sie auch Ihre eigenen Bedürfnisse erfüllen. Es erleichtert Ihnen auch, ruhig zu bleiben, wenn sich Ihr Kind mal daneben benimmt.

Übung 2 Was ist Positive Erziehung?

Welche dieser Grundprinzipien sind für Sie leicht umsetzbar? Warum?

....

....

....

....

Welche Grundprinzipien finden Sie schwierig umzusetzen? Warum?

....

....

....

....

Welche anderen Dinge tragen Ihrer Meinung nach dazu bei, dass Kinder sich gut entwickeln können?

....

....

....

....

Einflüsse auf das Verhalten von Kindern

Warum zeigen Kinder ein bestimmtes Verhalten? Wie kommt es, dass Kinder derselben Familie sich in mancher Hinsicht so ähnlich und in anderer so verschieden sind? Um zu verstehen, wie sich das Verhalten von Kindern entwickelt, müssen wir viele Dinge beachten: Die genetischen Anlagen, die Gesundheit, das familiäre Umfeld sowie Einflüsse, die außerhalb der Familie liegen. Diese Faktoren beeinflussen einerseits die Entwicklung von Fertigkeiten, Einstellungen und Begabungen. Andererseits nehmen sie aber auch Einfluss darauf, ob Kinder Verhaltensprobleme entwickeln.

■ Übung 3 Ursachen für problematisches Verhalten erkennen

Sowohl wünschenswertes als auch herausforderndes Verhalten von Kindern hat einen Grund. Wenn wir diese Gründe verstehen, können wir überlegen, welche Veränderungen wir im Verhalten unseres Kindes und in unserem eigenen Verhalten vornehmen müssen, um herausforderndem Verhalten vorzubeugen. Ziel dieser Übung ist es, herauszufinden, welche Faktoren es in Ihrer Familie gibt, die das Verhalten Ihres Kindes möglicherweise beeinflussen. Weil niemand Ihr Kind besser kennt als Sie, können Sie diese Frage am besten beantworten. Stellen Sie sich beim folgenden Abschnitt drei Fragen über Faktoren, die kindliches Verhalten beeinflussen: *Trifft das auf mein Kind zu? Welche Faktoren erklären das Verhalten meines Kindes am besten? Gibt es noch weitere wichtige Aspekte, die nicht in der Liste enthalten sind?* Sie können sich in den freien Spalten Bemerkungen notieren.

Wenn Sie dieses Programm als Elternpaar durchführen, ist es wichtig, dass sich jeder von Ihnen auf sich selbst konzentriert. Machen Sie Ihre Partnerin oder Ihren Partner nicht für das Verhalten Ihres Kindes verantwortlich. Versuchen Sie, Ihren eigenen Erziehungsstil zu beurteilen.

Die genetischen Anlagen

Kinder erben von ihren Eltern einzigartige genetische Anlagen. Dies können sowohl körperliche Merkmale sein, wie z.B. die Augenfarbe oder die Beschaffenheit des Haares, als auch andere Eigenschaften. So können genetische Anlagen z.B. dazu beitragen, dass sich manche Kinder schlechter konzentrieren können oder eher dazu neigen, sich trauriger oder niedergeschlagener zu fühlen als andere.

Auch das Temperament können Kinder von ihren Eltern erben, z.B. wie gesellig und aufgeschlossen oder wie lebhaft und emotional sie sind. Einige Kinder verlangen z.B. sehr viel Aufmerksamkeit, sind gern mit anderen zusammen und reden viel. Andere Kinder weinen sehr viel und sind schwerer an einen regelmäßigen Essens- oder Schlafrhythmus zu gewöhnen. Einige Kinder sind sehr aktiv und haben viel

Energie. Andere haben Schwierigkeiten damit, wenn sich um sie herum etwas verändert. Manche dieser Eigenschaften können den Umgang mit den Kindern erschweren.

Natürlich entwickeln nicht alle „schwierigen" Babys später Verhaltensauffälligkeiten und umgekehrt sind nicht alle unkomplizierten Säuglinge auch automatisch unproblematische Kinder. Denn die Gründe für das Verhalten von Kindern liegen nicht nur in ihren genetischen Anlagen oder ihrem Temperament, sondern auch in der Art, wie andere Menschen auf ihr Verhalten reagieren.

Wie war Ihr Kind als Baby?

- Es war gerne in Gesellschaft und verlangte viel Aufmerksamkeit und Beachtung. ☐
- Es war sehr leicht aus der Ruhe zu bringen, schwer zu beruhigen und reagierte mit Stress auf plötzliche Veränderungen. ☐
- Es war sehr lebhaft, immer beschäftigt, energiegeladen und schwerzu bändigen. ☐

Anmerkungen:

....

....

....

....

Gesundheit

Manchmal scheint es so, als würde ein Kind nicht hören wollen und sich absichtlich daneben benehmen – dabei hört es tatsächlich nicht, was ihm gesagt wird, weil es schwerhörig ist oder eine Entzündung im Ohr hat.

Wenn Kinder nicht ausreichend essen, kann es sein, dass ihnen die Energie fehlt, um zuzuhören, zu lernen und zu tun, was ihnen gesagt wird.

Auch Krankheiten sollten berücksichtigt werden. Wenn Kinder krank sind, verhalten sie sich oft anders und sind anstrengender, als wenn sie gesund sind.

Haben Sie irgendeine dieser Sorgen bei Ihrem Kind?

- Schwierigkeiten beim Hören ☐
- Schlechte Ernährung ☐
- Krankheit ☐
- Schlafschwierigkeiten ☐

Anmerkungen:

....

....

Familiäres Umfeld

Mit am Wichtigsten für das Aufwachsen unserer Kinder ist der Einfluss des familiären Umfeldes. Wenn man versucht, die Gründe für das Verhalten von Kindern zu verstehen, ist es daher hilfreich nachzuvollziehen, was sich im Alltag durch ihr Umfeld bei ihnen einprägt.

Unabsichtliche Belohnung für unerwünschtes Verhalten

Oft wird unerwünschtes Verhalten unabsichtlich belohnt oder bringt einen versteckten Nutzen mit sich. Eine unabsichtliche Belohnung entsteht, wenn ein Kind sich daneben benimmt und dann etwas bekommt, das es haben möchte. Aufmerksamkeit ist eine Form unabsichtlicher Belohnung. Wenn Sie unerwünschtem Verhalten Aufmerksamkeit schenken, steigt die Wahrscheinlichkeit, dass es erneut auftritt. Wenn Sie beispielsweise lachen oder sehr lange mit Ihrem Kind diskutieren, wenn es zum ersten Mal ein Schimpfwort benutzt, kann diese zusätzliche Aufmerksamkeit Ihr Kind dazu ermutigen, das Wort häufiger zu gebrauchen.

Ein anderes Beispiel sind materielle Belohnungen. Wenn Ihr Kind während des Einkaufens weint und quengelt und Sie ihm ein Spielzeug geben, damit es sich beruhigt, ist dies eine unabsichtliche Belohnung: Es ist, als würde das Kind für sein Quengeln mit dem Spielzeug belohnt. Auch Beschäftigungen (z.B., wenn Sie Ihr Kind mit einem Spiel ablenken) oder Nahrungsmittel (z.B. Kekse, Eis oder Äpfel) können unabsichtliche Belohnungen sein – immer dann, wenn ein Kind sie bekommt, wenn es sich daneben benimmt.

Passieren Ihnen solche unabsichtlichen Belohnungen?

- Aufmerksamkeit ☐
- Materielle Belohnungen ☐
- Beschäftigungen als Belohnung ☐
- Essen als Belohnung ☐

Anmerkungen:

Eskalationsfallen

Wenn Kinder etwas bekommen, das sie eigentlich nicht haben sollen, indem sie unerwünschtes Verhalten steigern (z.B. lauter schreien), lernen sie, dass dies eine wirksame Methode ist, um ihren Willen durchzusetzen. Zum Beispiel kommt es vielleicht vor, dass Ihr Kind Sie kurz vor dem Essen um einen Keks bittet. Sie antworten ihm möglicherweise mehrfach mit *Nein*. Wenn es jedoch weiter auf seinem Wunsch besteht und immer lauter und fordernder wird, könnten Sie in eine „Falle" geraten und ihm den Keks schließlich doch geben, damit es aufhört, zu schreien. Wenn Kinder lernen, dass dieses Verhalten ihnen hilft, ihren Willen durchzusetzen, ist es sehr wahrscheinlich, dass sie es in Zukunft häufiger wiederholen. Eltern wiederum können auf den Gedanken kommen, dass es einfacher ist, nachzugeben als konsequent zu bleiben.

Auf ähnliche Weise können sich auch Eltern angewöhnen, lauter zu werden und heftiger zu reagieren, wenn sie sich dadurch besser durchsetzen können. Ein Beispiel: Sie fordern Ihr Kind auf, sein Zimmer aufzuräumen, aber es hört nicht. Daher wiederholen Sie Ihre Aufforderung mehrfach und werden dabei allmählich lauter. Schließlich werden Sie wütend und verlangen unter der Androhung einer Konsequenz, dass es endlich sein Zimmer aufräumen soll. Ihr Kind lernt dadurch, dass Sie es nur ernst meinen, wenn Sie schreien und ihm drohen. Daher kann es passieren, dass es bis zu diesem Punkt wartet, bevor es tut, was Sie ihm gesagt haben. Bei Ihnen kann dadurch der Eindruck entstehen, dass Schreien und Drohungen die einzig wirksamen Methoden sind, damit Ihr Kind zuhört oder tut, was Sie ihm sagen.

Da sowohl Sie selbst als auch Ihr Kind davon profitieren, ist es sehr wahrscheinlich, dass eine derartige Eskalation erneut auftreten wird.

Kennen Sie solche Eskalationsfallen aus Ihrer Familie?

- Eskalierendes Verhalten meines Kindes ☐
- Eskalierendes Verhalten bei mir selbst ☐

Anmerkungen:

....

....

....

....

Ignorieren von erwünschtem Verhalten

Es kommt vor, dass Kinder problematisches Verhalten entwickeln, weil sie nicht genug Aufmerksamkeit für erwünschtes Verhalten bekommen. Wenn wünschenswertes Verhalten ignoriert wird, lernen Kinder nämlich, dass die einzige Möglichkeit, beachtet zu werden, darin besteht, sich daneben zu benehmen. Die Wahrscheinlichkeit, dass sie sich so verhalten, wie Sie es möchten, sinkt entsprechend.

Passiert Ihnen das auch häufig?

- Erwünschtes Verhalten ignorieren ☐

Anmerkungen:

Anderen zusehen

Kinder lernen viele Dinge, indem sie anderen zusehen, insbesondere ihren Eltern. Wenn sie z.B. sehen, wie Eltern wütend werden, schreien und damit ihr Ziel erreichen, dann lernen Kinder, dass Schreien in Ordnung ist, wenn man etwas durchsetzen will. Wenn Erwachsene viel schreien und streiten, verhalten sich Kinder oft ähnlich.

Kinder können sich auch noch andere schlechte Gewohnheiten abschauen (z.B. unordentlich sein, fluchen, die Geduld verlieren, schlagen und anderen wehtun, Alkohol trinken, rauchen, ungünstiger Umgang mit Ängsten, ungünstiger Gebrauch von Bildschirmgeräten).

Lernt Ihr Kind ungünstige Gewohnheiten, indem es sie bei anderen beobachtet?

- Ungünstige Gewohnheiten von anderen lernen ☐

Anmerkungen:

Anweisungen geben

Ob Kinder eine Anweisung ihrer Eltern befolgen oder nicht, hängt in hohem Maße davon ab, auf welche Art und Weise sie aufgefordert werden. Dies sind mögliche Schwierigkeiten im Zusammenhang mit Anweisungen:

- *Zu viele.* Manchmal geben Eltern zu viele Anweisungen. Jede Anweisung bietet Kindern die Möglichkeit, nicht zu tun, was ihnen gesagt wurde. Zu viele Anweisungen steigern also die Wahrscheinlichkeit für Probleme.
- *Zu wenige.* Manchmal wirkt es so, als würden sich Kinder absichtlich daneben benehmen, wenn sie in Wirklichkeit aber gar nicht genau wissen, was sie tun sollen. Möglicherweise wurde ihnen nicht klar genug gesagt, was von ihnen erwartet wird. Wenn Sie Ihrem Kind z.B. nicht richtig erklären, was es in seine

Schultasche packen soll, wird es dies vielleicht nicht tun, weil es nicht weiß, was dies bedeutet.

- *Zu schwierig.* Es kommt auch vor, dass Eltern zu viel erwarten und Kinder mit ihren Anweisungen überfordern. So ist z.B. ein dreijähriges Kind noch nicht in der Lage, selbstständig ein sehr unordentliches Zimmer aufzuräumen.
- *Ungünstiger Zeitpunkt.* Wenn ein Kind sehr beschäftigt ist, z.B. weil es gerade sehr in sein Spiel vertieft ist oder seine liebste Fernsehsendung sieht, ist es sehr wahrscheinlich, dass es Aufforderungen ignoriert.
- *Zu ungenau oder als Frage formuliert.* Es kann sein, dass Kinder Anweisungen nicht nachkommen, weil diese zu ungenau (z.B. *Sarah!* oder *Sei nicht so albern!*) oder als Frage formuliert sind (z.B. *Möchtest du jetzt nicht ins Bett gehen?*). Wenn Sie Ihrem Kind die Wahl lassen, müssen Sie damit rechnen, dass es mit „Nein" antwortet.
- *Verwirrende Körpersprache.* Manchmal drückt Ihre Körpersprache eventuell eine andere Botschaft aus als das, was Sie sagen. Es kann z.B. verwirrend für Ihr Kind sein, wenn Sie lachen oder lächeln, während Sie es auffordern, etwas zu unterlassen. Es zweifelt möglicherweise daran, dass Sie Ihre Aufforderung ernst meinen.
- *Aus der Ferne.* Auch wenn Anweisungen aus der Ferne gegeben werden (z.B. von einem Raum in einen anderen rufen), ist es unwahrscheinlicher, dass Kinder sie befolgen. Wenn Eltern bei einer Aufforderung nicht körperlich anwesend sind, erwarten Kinder oft keine Konsequenzen.

Geben Sie ungünstige Anweisungen?

- Zu viele ☐
- Zu wenige ☐
- Zu schwierige ☐
- Ungünstiger Zeitpunkt ☐
- Zu ungenau/als Frage ☐
- Verwirrende Körpersprache ☐
- Aus der Ferne ☐

Anmerkungen:

....

....

....

....

Emotionale Botschaften

Manchmal sagen Eltern negative Dinge über ihr Kind als Person, statt über das Verhalten, das ihnen nicht gefällt. Wenn sie es beleidigen oder beschimpfen (z.B. *Du Idiot*) oder ihm ein schlechtes Gewissen machen (*Wie würde Oma es wohl finden, wenn sie dich so sehen könnte?*), tut das Kind vielleicht einerseits aus Scham, was sie möchten. Andererseits besteht die Gefahr, dass das Kind wütend oder nachtragend wird und ein schlechtes Selbstbild entwickelt.

Vermitteln Sie manchmal eine dieser emotionalen Botschaften?

- Beschimpfungen oder Abwertungen ☐
- Botschaften, die Schuldgefühle erzeugen ☐

Anmerkungen:

....

....

....

....

Ungünstiger Gebrauch von Konsequenzen

Kinder können auch durch die Art und Weise, wie Eltern Konsequenzen einsetzen, problematisches Verhalten entwickeln. Unter diesen Umständen sind Konsequenzen manchmal ungünstig:

- *Konsequenzen als einzige Methode zum Umgang mit Verhalten.* Wenn Konsequenzen für unerwünschtes Verhalten ohne den gleichzeitigen Einsatz von Erziehungsfertigkeiten zur Unterstützung von wünschenswertem Verhalten genutzt werden, kann die Eltern-Kind-Beziehung darunter leiden und das Verhalten des Kindes problematischer werden.
- *Konsequenzen, die Probleme schaffen.* Manche Konsequenzen schaffen Probleme anstatt unerwünschtes Verhalten zu reduzieren. Streitereien und eskalierendes Verhalten können sich z.B. durch Anschreien und Schimpfen noch weiter verschlimmern. Schläge oder ein „Klaps" zeigen Kindern, dass man sich mit Aggression durchsetzen kann.
- *Konsequenzen werden angedroht, aber nicht umgesetzt.* Kurzfristig sind Androhungen von Konsequenzen vielleicht wirksam. Wenn Eltern die Konsequenzen jedoch nicht umsetzen, dann lernen die Kinder schon bald, dass solche Drohungen nicht ernst gemeint sind und sie die Anweisungen ignorieren können. Manchmal fassen Kinder Androhungen von Konsequenzen auch als eine Herausforderung auf, sodass sie die Grenzen austesten, um zu sehen was dann passiert.
- *Zeitversetzte Konsequenzen.* Wenn eine Konsequenz nicht sofort nach einem Ereignis folgt, wird es immer unwahrscheinlicher, dass Kinder die Verbindung zwischen dem Verhalten und der Konsequenz noch erkennen können.

- *Im Zorn erteilte Konsequenzen.* Es besteht immer das Risiko, dass Eltern die Kontrolle verlieren und ihr Kind verletzen, wenn sie eine Konsequenz durchsetzen, während sie wütend oder zornig sind.
- *Konsequenzen nach Zuspitzung der Situation.* Manchmal reagieren Eltern zu heftig auf ein problematisches Verhalten ihres Kindes, weil sie erst dann etwas unternehmen, wenn das Verhalten unerträglich für sie geworden ist.
- *Widersprüchlicher Gebrauch von Konsequenzen.* Manchmal verhalten sich Eltern beim Gebrauch von Konsequenzen widersprüchlich. Wenn auf ein Verhalten einmal eine Konsequenz folgt und ein anderes Mal nicht, dann kann dies zu Problemen führen. Probleme können auch entstehen, wenn sich Eltern und andere Personen, die sich um ein Kind kümmern, uneins sind, was ein problematisches Verhalten darstellt und wie damit umzugehen ist. Dies kann zu Auseinandersetzungen vor den Kindern führen. Widersprüchliches Verhalten macht es Kindern schwer, zu verstehen, was von ihnen erwartet wird.

Setzen Sie Konsequenzen ungünstig ein?

- Konsequenzen als einzige Methode zum Umgang mit Verhalten ☐
- Konsequenzen, die Probleme schaffen ☐
- Konsequenzen werden angedroht, aber nicht umgesetzt ☐
- Zeitversetzte Konsequenzen ☐
- Im Zorn erteilte Konsequenzen ☐
- Konsequenzen nach Zuspitzung der Situation ☐
- Widersprüchlicher Gebrauch von Konsequenzen ☐

Anmerkungen:

....

....

....

....

Überzeugungen und Erwartungen von Eltern

Es gibt Gedanken und Überzeugungen, die wenig hilfreich sind und die Erziehung erschweren können. Dies sind ein paar Beispiele:

- *Das ist nur eine Phase.* Diese Überzeugung kann Eltern davon abhalten, direkt auf problematisches Verhalten zu reagieren und wünschenswertes Verhalten zu unterstützen. Dies kann bedeuten, dass sich das Problem verschlimmert und stabilisiert, bevor Eltern Hilfe suchen oder Veränderungen einleiten.
- *Er/sie macht das mit Absicht, nur um mich zu ärgern.* Dieser Gedanke kann Eltern ärgerlich machen und dazu führen, dass sie überreagieren, wenn ihr Kind sich daneben benimmt. Außerdem hält es sie möglicherweise davon ab, ihr eigenes Verhalten kritisch zu betrachten und zu überlegen, wie sie selbst zum herausfordernden Verhalten beitragen.
- *Es ist meine Schuld, dass er/sie so ist.* Eltern fühlen sich manchmal schuldig und deprimiert, wenn sie denken, dass sie für das Verhalten ihres Kindes

verantwortlich sind. Dies macht es noch schwerer, sich Kindern gegenüber geduldig, ruhig und konsequent zu verhalten.

- *Jemand anders ist an allem Schuld.* Manche Eltern haben die Einstellung, dass jemand anderes am herausfordernden Verhalten des Kindes schuld ist, wie z.B. die Geschwister oder Lehrer des Kindes oder der eigene Partner. Dies führt dazu, dass Eltern meinen, selbst nichts verändern zu können. Eltern können sich dann hilflos und frustriert fühlen, und sie sind nicht motiviert, Probleme selbst anzugehen.

Ebenso können unrealistische Erwartungen die Erziehung erschweren. Perfektes Verhalten von Kindern zu erwarten, ist zum Beispiel unrealistisch und kann leicht zu Enttäuschungen und Streit mit Kindern führen. Manchmal haben Eltern auch unrealistische Erwartungen an sich selbst. Wenn Sie unbedingt perfekt sein wollen, legen Sie die Grundlage für Unzufriedenheit und Frustration.

Trifft das auch auf Sie zu?

- Ungünstige Überzeugungen ☐
- Unrealistische Erwartungen ☐

Anmerkungen:

....

....

....

....

Weitere familiäre Einflüsse

Es gibt noch weitere Faktoren, die das Wohlbefinden von Eltern beeinflussen und die Erziehung erschweren können. Dies sind einige Beispiele:

- *Probleme in der Beziehung der Eltern.* Problematisches Verhalten von Kindern kann auch dann auftreten, wenn die Beziehung ihrer Eltern durch Spannungen und Konflikte belastet ist. Sie können aggressiv, ängstlich oder depressiv reagieren, wenn sie viele Auseinandersetzungen oder Streitereien zwischen ihren Eltern miterleben.
- *Gefühle der Eltern.* Auch die Gefühle der Eltern beeinflussen das Verhalten ihrer Kinder. Wenn Eltern z.B. wütend, niedergeschlagen oder ängstlich sind, kann es passieren, dass sie sich ungeduldig und gereizt verhalten, negative Gedanken haben, ihre Kinder weniger gut beaufsichtigen und weniger Lust haben, Zeit mit ihnen zu verbringen. Außerdem ist es für sie viel schwieriger, im Umgang mit ihren Kindern geduldig, konsequent und entspannt zu bleiben.
- *Stress.* Alle Eltern kennen Stress und müssen manchmal anstrengende oder schwierige Situationen bewältigen (z.B. Umzug, finanzielle Schwierigkeiten oder Belastungen bei der Arbeit). Kinder benötigen jedoch einen verlässlichen Tagesablauf. Sonst können Sie aus ihrem seelischen Gleichgewicht geraten. Das Problem ist, dass die festen Abläufe in einer Familie, die Kinder brauchen, durch Stress durcheinander geraten können.

Gibt es in Ihrer Familie manchmal Schwierigkeiten mit

- der Beziehung der Eltern? ☐
- den Gefühlen der Eltern? ☐
- Stress? ☐

Anmerkungen:

....

....

....

....

Einflüsse, die außerhalb der Familie liegen

Kinder lernen viel durch das, was sie in der Familie miterleben. Trotzdem ist es unmöglich für Eltern, alle Einflüsse auf das Verhalten ihres Kindes zu kontrollieren. Sobald Kinder mehr Kontakt zu anderen Menschen außerhalb der Familie haben, kann ihr Verhalten auch durch nicht-familiäre, äußere Faktoren beeinflusst werden.

Freunde und Gleichaltrige

Kinder können von anderen Kindern, mit denen sie Zeit verbringen, beeinflusst werden. Zum Beispiel fällt es Kindern, die sich oft aggressiv verhalten, in der Regel schwer, Freundschaften zu schließen und zu pflegen. Es kommt daher oft vor, dass sie mehr Zeit mit Kindern verbringen, die sich ähnlich verhalten wie sie. Damit steigt die Wahrscheinlichkeit, dass sie sich weitere aggressive Verhaltensweisen abschauen und das problematische Verhalten anhält.

Schule

Der Schulerfolg von Kindern kann ihr Wohlbefinden und ihr Verhalten beeinflussen. Kinder können Verhaltensauffälligkeiten entwickeln, wenn die schulischen Anforderungen zu hoch sind, sie keine guten Leistungen erbringen können und ihre Bemühungen selten anerkannt, gelobt oder belohnt werden.

Medien und Technologien

Kinder können Verhaltensweisen wie aggressives Verhalten oder den Gebrauch von Schimpfwörtern auch aus Filmen oder Serien, sozialen Medien, Zeitungen, Comics oder Computerspielen lernen.

Welche Einflüsse auf das Verhalten Ihres Kindes finden Sie beunruhigend?

- Freunde ☐
- Schule ☐
- Medien und Technologien ☐

Anmerkungen:

Alle Eltern geraten hin und wieder in sogenannte Erziehungsfallen und machen Fehler. Sie müssten übernatürliche Fähigkeiten haben, um Ihr Kind ohne unabsichtliche Belohnungen von unerwünschtem Verhalten, ohne Eskalationsfallen oder Inkonsistenzen zu erziehen. Es ist einfach unmöglich, Eltern zu sein, ohne auch hin und wieder einen Fehler zu machen. Die Wahrscheinlichkeit für Verhaltensprobleme ist jedoch größer, wenn Sie als Eltern sehr häufig in solche Erziehungsfallen geraten. Wie häufig Sie in diese alltäglichen Fallen geraten ist also viel wichtiger als die Frage, ob es überhaupt passiert.

Andere Einflüsse

Fallen Ihnen noch andere Dinge ein, die das Verhalten Ihres Kindes beeinflussen könnten? Wenn ja, notieren Sie sie bitte hier:

Ziele für Veränderungen

Nachdem Sie sich mit möglichen Ursachen für Verhaltensprobleme beschäftigt haben, können Sie sich nun überlegen, welche Verhaltensänderungen Sie bei Ihrem Kind und bei sich selbst erreichen möchten. Versuchen Sie, nicht zu viel auf einmal zu verändern. Suchen Sie sich ein oder zwei Dinge aus und setzen Sie sich einfache und realistische Ziele, die Sie erreichen können. Klare und eindeutige Formulierungen helfen Ihnen, sich auf das Ziel zu konzentrieren, darauf hinzuarbeiten und zu beurteilen, wann Sie es erreicht haben.

Es liegt an Ihnen als Eltern, zu entscheiden, welche Fertigkeiten Sie bei Ihrem Kind fördern wollen und wann ein guter Zeitpunkt dafür ist. Hilfreich ist, insbesondere solche Fertigkeiten zu fördern, die Kindern helfen, selbstständig zu werden und gut mit anderen zurechtzukommen.

Übung 4 Welche Fertigkeiten möchten Sie bei Ihrem Kind fördern?

Schauen Sie sich die Liste an und überlegen Sie, welche Fertigkeiten Sie bei Ihrem Kind fördern möchten.

Mit anderen kommunizieren und gut zurechtkommen

- Eigene Meinungen, Ideen und Bedürfnisse angemessen ausdrücken
- Um Unterstützung und um Hilfe bitten
- Aufforderungen nachkommen
- Gemeinsam mit anderen Kindern spielen
- Die Gefühle von anderen wahrnehmen
- Erkennen, wie sich das eigene Handeln auf andere Menschen auswirkt

Eigene Gefühle regulieren

- Gefühle so ausdrücken, dass andere nicht verletzt werden
- Verhalten im Zaum halten, das andere verletzen könnte, und nachdenken, bevor man etwas sagt oder tut
- Positive Gefühle gegenüber sich selbst und anderen entwickeln
- Regeln und Grenzen akzeptieren

Unabhängig werden

- Dinge selbstständig tun
- Sich selbst ohne die ständige Aufmerksamkeit eines Erwachsenen beschäftigen
- Verantwortung für das eigene Handeln übernehmen

Probleme lösen

- Interesse und Neugier an alltäglichen Dingen zeigen
- Fragen stellen und eigene Ideen entwickeln
- Über Lösungsalternativen nachdenken
- Verhandeln und Kompromisse machen
- Entscheidungen treffen

Anmerkungen:

....

....

....

....

Übung 5 Ziele für Veränderungen festlegen

Führen Sie sich beim Festlegen Ihrer Ziele zunächst das gegenwärtige Verhalten Ihres Kindes vor Augen. Denken Sie dann über Verhaltensweisen nach, von denen Sie sich wünschen, dass Ihr Kind sie häufiger zeigt (z.B. eigene Bedürfnisse angemessen ausdrücken; selbstständig spielen ohne ständig beachtet zu werden; tun, worum es gebeten wurde; die ganze Nacht im eigenen Bett bleiben). Überlegen Sie auch, bei welchen Verhaltensweisen Sie sich wünschen würden, dass Ihr Kind sie weniger häufig zeigt (z.B. Wutanfälle; aggressive Auseinandersetzungen; Trödeln beim Essen; häufiges Unterbrechen).

Es ist auch wichtig, darüber nachzudenken, was Sie an Ihrem eigenen Verhalten verändern möchten. Nachdem Sie sich vorhin damit beschäftigt haben, wie Ihr Verhalten das Ihres Kindes beeinflussen kann, können Sie sich nun auch selbst einige Ziele setzen. Überlegen Sie, was Sie häufiger tun möchten (z.B. gelassen bleiben oder klare, ruhige Anweisungen geben) und was Sie seltener tun möchten (z.B. Konsequenzen androhen; Aufforderungen aus einem anderen Raum zurufen).

Schreiben Sie hier die Veränderungen auf, die Sie sich für das Verhalten Ihres Kindes und für Ihr eigenes Verhalten wünschen. Achten Sie darauf, dass Ihre Ziele erreichbar sind und dass Sie sie konkret und positiv formulieren.

ZIELE FÜR VERÄNDERUNGEN IM VERHALTEN IHRES KINDES	ZIELE FÜR VERÄNDERUNGEN IN IHREM EIGENEN VERHALTEN

Verhalten von Kindern systematisch beobachten

Damit Sie verfolgen können, ob Sie Ihren Zielen näher kommen, ist es sinnvoll, das Verhalten Ihres Kindes und auch Ihr eigenes Verhalten zu beobachten. Eine Verhaltensbeobachtung ist aus vielen Gründen hilfreich:

- Sie ermöglicht Ihnen zu überprüfen, ob Ihr Kind sich tatsächlich so verhält, wie Sie es wahrnehmen (z.B.: Ignoriert Ihr Kind wirklich jede Ihrer Anweisungen?).
- Mit Hilfe der Verhaltensbeobachtung können Sie Ihre Reaktionen auf das Verhalten Ihres Kindes erfassen und erkennen, wann und warum das problematische Verhalten auftritt.
- Sie erlaubt Ihnen zu überprüfen, ob sich das Verhalten Ihres Kindes ändert (d.h. ob es sich verbessert, verschlechtert oder gleich bleibt).
- Sie zeigt Ihnen, wann Sie Ihr Ziel erreicht haben.

Es gibt verschiedene Beobachtungsbögen, mit denen Sie das Verhalten Ihres Kindes im Blick behalten können.

Verhaltenstagebuch

In einem Verhaltenstagebuch schreiben Sie auf, wann und wo ein herausforderndes Verhalten aufgetreten ist, was davor geschah (wodurch es hervorgerufen wurde) und was danach passierte (wie Sie darauf reagiert haben). Dies wird Ihnen helfen, zu erkennen,

- ob es bestimmte Muster oder Regelmäßigkeiten im Verhalten Ihres Kindes gibt,
- wie konsistent Sie auf das Verhalten Ihres Kindes reagieren,
- welche risikoreichen Zeiten oder Situationen es gibt,
- was mögliche Auslöser oder Gründe für das Verhalten sind und
- ob Ihr Kind möglicherweise unabsichtliche Belohnungen für das unerwünschte Verhalten erhält.

Beispiel für ein Verhaltenstagebuch

Anleitung: Tragen Sie das herausfordernde Verhalten ein, außerdem wann und wo es aufgetreten und was vor und nach dem problematischen Ereignis passiert ist.

Verhalten: Wutanfälle

Tag: Freitag, 10. Mai

PROBLEMATISCHES EREIGNIS	WANN UND WO TRAT ES AUF?	WAS PASSIERTE VOR DEM EREIGNIS?	WAS GESCHAH DANACH?	WEITERE BEMERKUNGEN
Weinend auf dem Fußboden gewälzt	7.30 Uhr vor dem Wohnzimmer	Sollte sich anziehen	Durfte etwas länger fernsehen	
Mit den Füßen getrampelt, geschrien	8.00 Uhr im Wohnzimmer	Fernseher ausgestellt, sollte sich anziehen	Ins Zimmer getragen, beim Anziehen geholfen	Bin zu spät losgekommen, ärgerlich gewesen
Gebrüllt, geschrien, mit den Füßen getrampelt	10.30 Uhr im Supermarkt	Ein neues Spielzeug verweigert	Habe nachgegeben und gekauft	Peinlich, hätte alles gemacht, damit er aufhört
Geschrien, mit den Fäusten auf den Boden gehauen	12.30 Uhr im Wohnzimmer	Sollte vor dem Mittagessen sein Spielzeug wegräumen	Auf sein Zimmer geschickt, Spielzeug selbst weggeräumt	Hat 35 Minuten lang auf seinem Zimmer geschrien
Geschmollt, laut geweint	18.00 Uhr draußen	Sollte Spiel beenden und dann zum Essen kommen	Klaps auf den Po, ins Zimmer geschickt, kein Essen	Hatte Schuldgefühle, habe fernsehen erlaubt und Joghurt gegeben

Häufigkeitsbogen

Eine andere Möglichkeit der Verhaltensbeobachtung besteht darin, festzuhalten, wie häufig das Verhalten auftritt. Machen Sie dazu während des Tages jedes Mal ein Häkchen im Häufigkeitsbogen, wenn Ihr Kind das Verhalten zeigt (siehe Beispiel weiter unten).

Dieser Beobachtungsbogen eignet sich für Verhaltensweisen, die weniger als 15 Mal am Tag auftreten und die einen klaren Anfangs- und Endpunkt haben. Für Verhaltensweisen, die häufiger auftreten, sollten Sie eine andere Beobachtungsmethode wählen.

Beispiel für einen Häufigkeitsbogen

Anleitung: Schreiben Sie den Tag in die erste Spalte, machen Sie dann jedes Mal, wenn das Verhalten an diesem Tag auftritt, einen Haken in der entsprechenden Zeile. Zählen Sie am Ende der Zeile die Häufigkeit des Verhaltens für jeden Tag zusammen.

Verhalten: Schimpfwörter gebrauchen

Startdatum: 17. Oktober

TAG	1	2	3	4	5	6	7	8	9	10	11	12	13	14	15	GESAMT
So	✓	✓	✓	✓	✓	✓	✓	✓	✓							9
Mo	✓	✓	✓	✓	✓	✓	✓	✓	✓	✓	✓					11
Di	✓	✓	✓	✓	✓	✓	✓	✓								8

Zeitdauerprotokoll

Dieser Beobachtungsbogen eignet sich, um festzustellen, wie lange ein Verhalten andauert, z.B. wie lange ein Kind am Tag weint, wie lange ein Kind für seine Hausaufgaben braucht oder wie lange es braucht, um sich morgens für die Schule fertig zu machen. Stoppen Sie einfach jedes Mal, wenn das Verhalten auftritt, die Zeit, die das Verhalten in Sekunden, Minuten oder Stunden dauert, und tragen Sie die Zeitdauer in den Bogen ein. Zählen Sie am Ende jedes Tages zusammen, wie viel Zeit das Verhalten insgesamt in Anspruch genommen hat. Ein Beispiel für ein Zeitdauerprotokoll sehen Sie unten.

Nutzen Sie diese Beobachtungsmethode, wenn Sie wissen wollen, wie lange ein Verhalten andauert. Für Verhaltensweisen, die sehr häufig vorkommen oder schnell auftreten und wieder verschwinden, sollten Sie einen Zeitabschnittbogen, ein Verhaltenstagebuch oder einen Häufigkeitsbogen verwenden.

Beispiel für ein Zeitdauerprotokoll

Anleitung: Schreiben Sie in die erste Spalte den Wochentag. Notieren Sie dann in den Spalten für jedes Mal, wenn das Verhalten aufgetreten ist, wie lange es gedauert hat (in Sekunden, Minuten oder Stunden). Zählen Sie am Ende jeden Tages zusammen, wie lange das Verhalten insgesamt aufgetreten ist und tragen Sie die Summe am Ende der Zeile in die letzte Spalte ein.

Verhalten: Tom weint, wenn er ins Bett gebracht wird (in Minuten) Startdatum: Freitag, 8. Februar

TAG	1	2	3	4	5	6	7	8	9	10	GESAMT
Mo	30	20									50 Min.
Di	10	15	12								37 Min.
Mi	5	15	8								28 Min.
Do	20	10	12	20							62 Min.

Zeitabschnittbogen

Der Zeitabschnittbogen ist eine hilfreiche Methode, wenn ein Verhalten mehrmals pro Stunde auftritt oder nicht genau gezählt werden kann, wie z.B. Weinen, Quengeln oder das Nichtbefolgen von Anweisungen. Am besten wählen Sie für diese Beobachtungsmethode einen Risikozeitraum von zwei bis drei Stunden aus, in dem das Verhalten mit großer Wahrscheinlichkeit auftreten wird. So z.B. morgens vor der Schule oder abends nach dem Abendessen. Sobald Sie einen Risikozeitraum entdeckt haben, unterteilen Sie diesen in kleinere Zeitabschnitte (z.B. 15 oder 30 Minuten). Markieren Sie dann die Zeitabschnitte im Bogen mit einem Häkchen, in denen das Verhalten wenigstens einmal aufgetreten ist.

Wählen Sie diese Beobachtungsmethode für Verhalten, das häufig auftritt (mehr als 15 Mal pro Tag), das innerhalb kurzer Zeitabschnitte plötzlich auftritt und genauso schnell wieder verschwindet, oder das keinen klaren Anfangs- und Endpunkt hat. Entscheiden Sie sich für eine andere Beobachtungsmethode, wenn das Verhalten seltener auftritt. Ein Beispiel für einen Zeitabschnittsbogen sehen Sie auf der folgenden Seite.

Beispiel für einen Zeitabschnittbogen

Anleitung: Wählen Sie die Zeitabschnitte, die Sie erfassen möchten, und schreiben Sie sie in die erste Spalte. Markieren Sie das entsprechende Feld mit einem Häkchen, wenn das Verhalten mindestens einmal in diesem Zeitabschnitt auftritt. Setzen Sie einen Gedankenstrich, wenn das Verhalten nicht vorkommt. Notieren Sie die Gesamtzahl der Häkchen für jeden Tag unter jeder Spalte.

Verhalten: Quengeln

Beginn der Beobachtung: 5. April

ZEIT	M	D	M	D	F	S	S	M	D	M	D	F	S	S
15.00–15.30	–	–	–	–	–	–	–							
15.30–16.00	–	–	–	–	–	–	–							
16.00–16.30	–	–	✓	✓	✓	✓	–							
16.30–17.00	–	✓	✓	✓	✓	–	✓							
17.00–17.30	✓	✓	–	–	–	–	–							
17.30–18.00	✓	✓	✓	✓	–	✓	✓							
18.00–8.30	✓	✓	–	✓	–	✓	✓							
18.30–19.00	✓	✓	✓	✓	✓	–	–							
SUMME	4	5	4	5	3	3	3							

Verhaltenskurve

Sie können die Informationen aus den Beobachtungsbögen auch in eine Kurve eintragen, um Ihre Fortschritte besser sichtbar zu machen (siehe unten). Führen Sie die Verhaltensbeobachtung etwa eine Woche lang durch, bevor Sie mit einer neuen Erziehungsfertigkeit beginnen. Beobachten Sie das Verhalten dann weiter, um beurteilen zu können, ob die neue Erziehungsfertigkeit erfolgreich ist. Dies wird Ihnen helfen, Fortschritte im Verhalten Ihres Kindes zu erkennen und es motiviert Sie, die neuen Erziehungsfertigkeiten auch weiterhin einzusetzen.

Beispiel für eine Verhaltenskurve

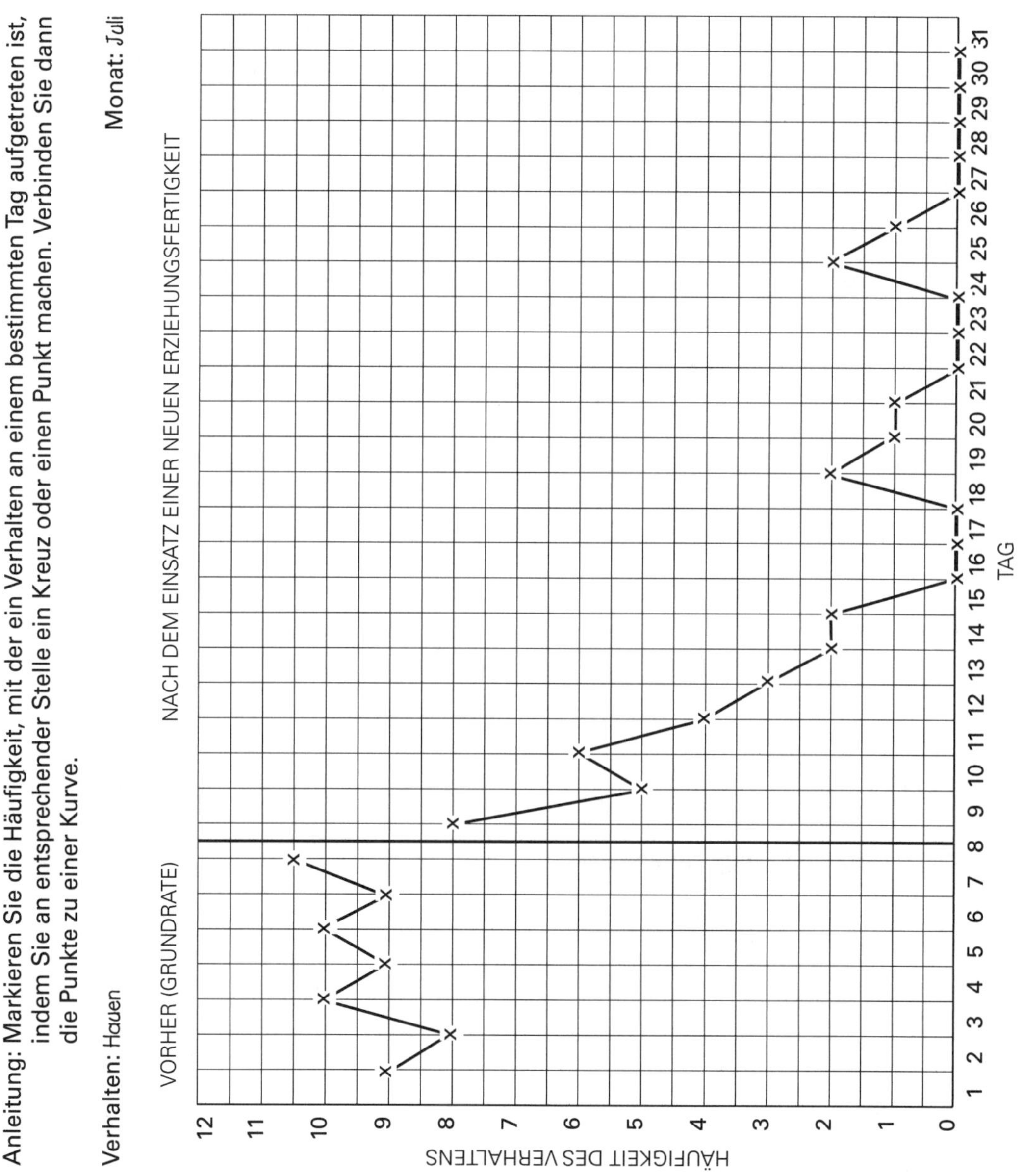

Wenn Sie anfangen, eine neue Erziehungsfertigkeit einzusetzen, dann ist es sinnvoll, diese zunächst für rund eine Woche auszuprobieren. Am Ende dieser „Testphase“ können Sie dann entscheiden, ob es Sinn macht, unverändert fortzufahren oder die Erziehungsfertigkeit weiter anzupassen. Behalten Sie dabei im Hinterkopf, dass es am besten ist, das Verhalten Ihres Kindes und auch Ihr eigenes Verhalten Schritt für Schritt zu verändern. Sobald die neuen Erziehungsfertigkeiten oder Verhaltensweisen gefestigt sind, reicht es, das Verhalten seltener zu beobachten, z.B. nur noch einmal pro Woche statt jeden Tag. Sie können mit der Verhaltensbeobachtung aufhören, wenn Sie den Eindruck haben, dass die erreichten Veränderungen von Dauer sind.

Übung 6 Verhalten beobachten

Notieren Sie, welchen Beobachtungsbogen Sie benutzen könnten, um die folgenden Verhaltensweisen zu beobachten. Begründen Sie jeweils, warum Sie sich für einen bestimmten Beobachtungsbogen entschieden haben. Oft gibt es mehrere Möglichkeiten.

Wie oft ein Kind ein anderes beißt.

....

....

....

Wie lange ein Kind braucht, um sich zu beruhigen, wenn es ohne die Eltern woanders bleiben soll.

....

....

....

Wie oft ein Kind quengelt, besonders abends vor dem Essen.

....

....

....

Wie oft ein Kind Dinge kaputtmacht.

....

....

....

Wie oft ein Kind Widerworte gibt oder frech ist.

....

....

....

Zusammenfassung

In der ersten Woche haben Sie sich mit den Prinzipien der Positiven Erziehung und mit den Einflüssen auf das Verhalten von Kindern beschäftigt. Sie haben überlegt, welche Fertigkeiten und Verhaltensweisen Sie bei Ihrem Kind unterstützen und welche Ziele für Veränderungen Sie sich setzen möchten. Zum Schluss ging es darum, wie Sie das Verhalten Ihres Kindes beobachten können.

Aufgaben

- Entscheiden Sie sich für ein oder zwei problematische Verhaltensweisen Ihres Kindes, die Sie beobachten möchten. Behalten Sie diese Verhaltensweisen in den nächsten sieben Tagen mithilfe der Beobachtungsbögen auf den folgenden Seiten im Auge (Kopiervorlagen finden Sie auch am Ende dieses Buches im Abschnitt „Arbeitsblätter"). Tragen Sie Ihre Ergebnisse nach einer Woche in eine Verhaltenskurve ein (eine Kopiervorlage befindet sich am Ende dieser Sitzung). Notieren Sie nun, welche Verhaltensweisen Sie in der nächsten Woche beobachten möchten und welche Beobachtungsbögen Sie dafür benutzen werden.

....

....

....

....

Themen der nächsten Woche

In der zweiten Woche geht es um praktische Erziehungsfertigkeiten, die Ihnen helfen sollen,

- die Beziehung zu Ihrem Kind zu stärken,
- wünschenswertes Verhalten zu unterstützen und
- Ihrem Kind neue Fertigkeiten und Verhaltensweisen beizubringen.

Verhaltenstagebuch

Anleitung: Tragen Sie das **herausfordernde Verhalten** ein, außerdem wann und wo es aufgetreten und was vor und nach dem problematischen Ereignis passiert ist.

Verhalten: .... Tag: ....

PROBLEMATISCHES EREIGNIS	WANN UND WO TRAT ES AUF?	WAS PASSIERTE VOR DEM EREIGNIS?	WAS GESCHAH DANACH?	WEITERE BEMERKUNGEN

Häufigkeitsbogen

Anleitung: Schreiben Sie den Tag in die erste Spalte, machen Sie dann jedes Mal, wenn das Verhalten an diesem Tag auftritt, einen Haken in der entsprechenden Zeile. Zählen Sie am Ende der Zeile die Häufigkeit des Verhaltens für jeden Tag zusammen.

Verhalten: .... Startdatum: ....

TAG	1	2	3	4	5	6	7	8	9	10	11	12	13	14	15	GESAMT

Zeitdauerprotokoll

Anleitung: Schreiben Sie in die erste Spalte den Tag. Notieren Sie dann in den Spalten für jedes Mal, wenn das Verhalten aufgetreten ist, wie lange es gedauert hat (in Sekunden, Minuten oder Stunden). Zählen Sie am Ende des Tages zusammen, wie lange das Verhalten insgesamt aufgetreten ist, und tragen Sie die Summe in die letzte Spalte ein.

Verhalten: .... Startdatum: ....

TAG	1	2	3	4	5	6	7	8	9	10	GESAMT

Zeitabschnittbogen

Anleitung: Wählen Sie die Zeitabschnitte, die Sie erfassen möchten, und schreiben Sie sie in die erste Spalte. Markieren Sie das entsprechende Feld mit einem Häkchen, wenn das Verhalten mindestens einmal in diesem Zeitabschnitt auftritt. Setzen Sie einen Gedankenstrich, wenn das Verhalten nicht vorkommt. Notieren Sie die Gesamtzahl der Häkchen für jeden Tag unter jeder Spalte.

Verhalten: .... Beginn der Beobachtung: ....

ZEIT	M	D	M	D	F	S	S	M	D	M	D	F	S	S
SUMME														

Verhaltenskurve

Anleitung: Markieren Sie die Häufigkeit, mit der ein Verhalten an einem bestimmten Tag aufgetreten ist, indem Sie an entsprechender Stelle ein Kreuz oder einen Punkt machen. Verbinden Sie dann die Punkte zu einer Kurve.

Verhalten: .... Monat: ....

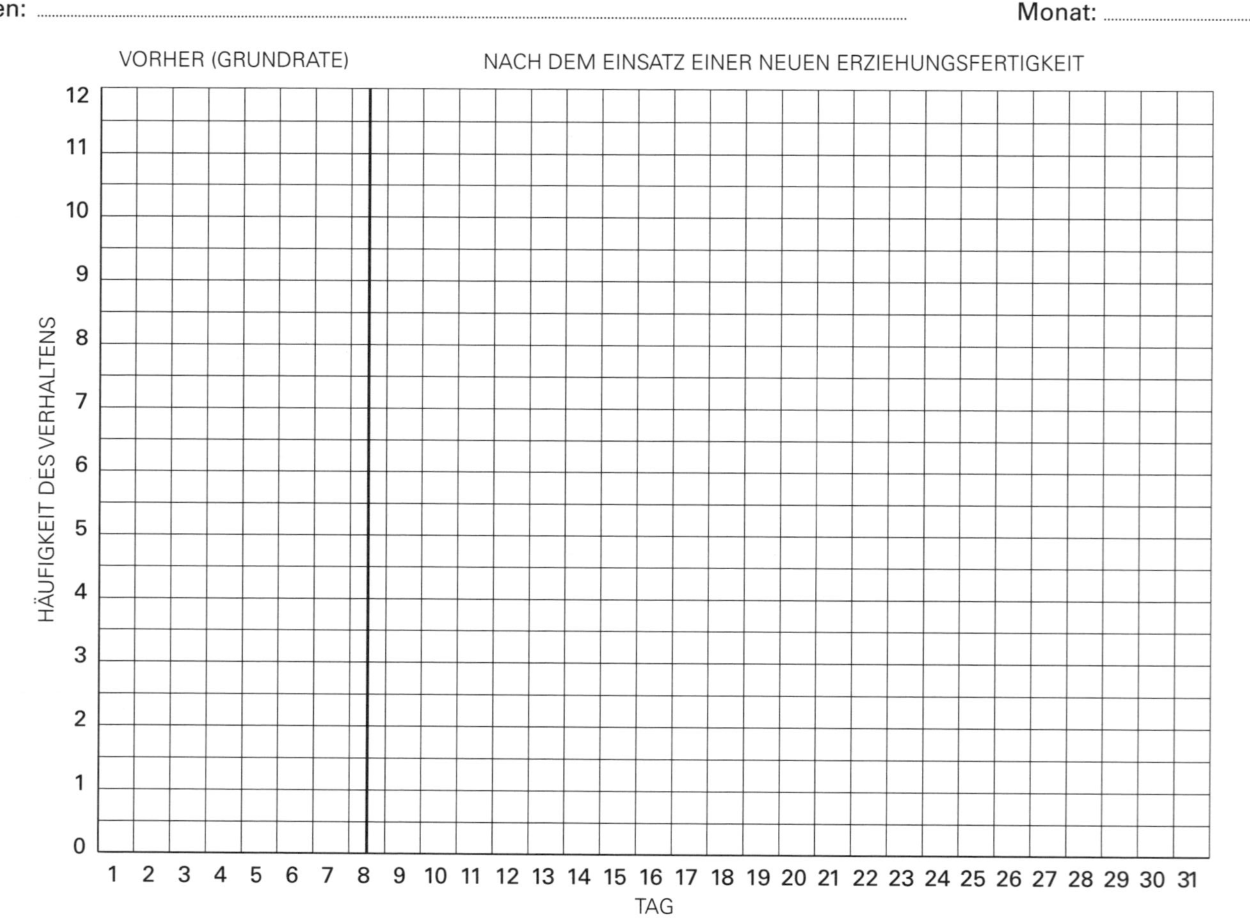

Woche 2

Die Entwicklung von Kindern fördern

Überblick

Ermutigung und positive Aufmerksamkeit helfen Kindern dabei, wichtige Fertigkeiten zu entwickeln und angemessene Verhaltensweisen zu erlernen. Indem Sie Verhaltensweisen, die Ihnen gefallen, positiv verstärken, erhöhen Sie die Wahrscheinlichkeit, dass diese erneut auftreten. In der ersten Woche haben Sie sich Ziele für Veränderungen gesetzt und entschieden, welche Fertigkeiten und Verhaltensweisen Sie bei Ihrem Kind fördern möchten. In diesem Kapitel werden Sie Erziehungsfertigkeiten kennenlernen, die Ihnen hierbei helfen können. Sie werden Wege kennenlernen, die Beziehung zu Ihrem Kind zu stärken, wünschenswertes Verhalten zu unterstützen und ihm neue Fertigkeiten und Verhaltensweisen beizubringen. Versuchen Sie, in den Übungen dieses Abschnitts herauszufinden, mit welchen Erziehungsfertigkeiten Sie sich am wohlsten fühlen.

Am Ende der zweiten Woche sollten Sie in der Lage sein:

- Erziehungsfertigkeiten umzusetzen, die Ihnen helfen, die Beziehung zu Ihrem Kind zu stärken (wertvolle Zeit; mit Kindern reden; Zuneigung zeigen),
- Erziehungsfertigkeiten umzusetzen, mit denen Sie wünschenswertes Verhalten unterstützen können (beschreibend loben; Aufmerksamkeit schenken; altersgerechte, interessante Beschäftigungen auswählen),

- Erziehungsfertigkeiten umzusetzen, mit denen Sie Ihrem Kind neue Fertigkeiten und Verhaltensweisen beibringen können (ein gutes Vorbild sein; beiläufiges Lernen; Fragen-Sagen-Tun);
- zwei positive Erziehungsfertigkeiten auszuwählen, diese in der nächsten Woche auszuprobieren und die Fortschritte im Blick zu behalten und
- eine Punktekarte mit angemessenen Belohnungen für Ihr Kind zu erstellen.

Die Entwicklung von Kindern fördern

Bevor Sie sich Gedanken darüber machen, wie Sie bei problematischem Verhalten ruhig reagieren können, ist es wichtig, dass Sie sich damit beschäftigen, wie Sie die Entwicklung Ihres Kindes unterstützen und wünschenswertes Verhalten fördern können. Viele Probleme lassen sich bereits dadurch lösen, dass man Kindern beibringt, besser mit schwierigen Situationen umzugehen. Während Sie die Übungen bearbeiten, sollten Sie darüber nachdenken, welche Erziehungsfertigkeiten Sie aktuell anwenden. Vielleicht wird Ihnen einiges in diesem Kapitel bereits bekannt vorkommen, manche Fertigkeiten wenden Sie möglicherweise bereits an. Andere dagegen werden neu für Sie sein. In dieser Woche haben Sie Gelegenheit, darüber nachzudenken, wie Ihre Beziehung zu Ihrem Kind momentan aussieht und was Sie tun, um Ihrem Kind zu zeigen, dass Sie sein Verhalten mögen.

Beachten Sie, dass alle Erziehungsfertigkeiten ihre Grenzen haben und dass keine Fertigkeit in allen Situationen angewendet werden kann oder für sich allein funktioniert. Positive Erziehungsfertigkeiten sind jedoch der Ausgangspunkt, um die Entwicklung Ihres Kindes zu unterstützen und positives Verhalten zu fördern. Sie sind für Situationen gedacht, in denen sich Ihr Kind so verhält, wie Sie es gerne möchten, nicht für unerwünschtes Verhalten. Wie Sie in schwierigen Situationen ruhig reagieren und die Selbstkontrolle Ihres Kindes fördern können, ist Thema der dritten Woche.

Die Beziehung zu Ihrem Kind stärken

Der Aufbau guter Familienbeziehungen braucht Zeit. Hier sind einige Ideen, wie Sie die Beziehung zu Ihrem Kind stärken können.

Wertvolle Zeit mit Ihrem Kind verbringen (jedes Alter)

Versuchen Sie im Laufe des Tages regelmäßig kurze Zeitspannen mit Ihrem Kind zu verbringen. So stärken Sie die Beziehung zu Ihrem Kind, weil Sie ihm zeigen, dass Sie für es da sind. Es ist besser, sich regelmäßig für kurze Zeit mit Ihrem Kind zu beschäftigen (ein oder zwei Minuten reichen), als länger, aber dafür seltener.

Wertvolle Zeit kann sich zum Beispiel ergeben, wenn sich Ihr Kind an Sie wendet, um Ihnen etwas mitzuteilen, Sie etwas zu fragen oder Sie in eine Aktivität mit einzubeziehen. Versuchen Sie in solchen Momenten - falls Sie nicht gerade mit wichtigen Dingen beschäftigt sind - Ihre Tätigkeit zu unterbrechen und etwas Zeit mit Ihrem Kind zu verbringen. Wenn Sie gerade zu beschäftigt sind, sollten Sie versuchen, dies so bald wie möglich nachzuholen. Wichtig ist, sich dem Kind ganz zuzuwenden und auf es einzulassen, ohne Ablenkungen.

Woche 2

Übung 1 Ideen für wertvolle Zeit

Wertvolle Zeit kann in jeder Familie anders aussehen. Schreiben Sie einige Ideen auf, wie Sie und Ihr Kind wertvolle Zeit miteinander verbringen können. Denken Sie daran, dass wertvolle Zeit im Grunde jederzeit und während alltäglicher Routinen und Handlungen möglich ist.

....

....

....

Mit Ihrem Kind reden (jedes Alter)

Mit Ihrem Kind zu reden hilft ihm, Sprechen zu lernen, seine sozialen Fertigkeiten zu entwickeln und Gesprächsregeln zu verinnerlichen. Gleichzeitig fördern Sie damit das Selbstwertgefühl des Kindes. Sprechen Sie mit Ihrem Kind über Dinge, die es interessant findet. Teilen Sie Ihrem Kind auch eigene Gedanken und Ideen mit und zeigen Sie ihm, dass Sie sich für das interessieren, was es tut und mitzuteilen hat.

Übung 2 Gesprächsthemen

Schreiben Sie Dinge auf, für die sich Ihr Kind interessiert oder die Sie getan haben und über die Sie reden können.

....

....

....

....

Woche 2

Zuneigung zeigen (jedes Alter)

Eine andere Möglichkeit, Ihrem Kind zu zeigen, dass Sie es lieb haben und sich für es interessieren, ist ihm viel körperliche Zuneigung zu schenken. Sich an der Hand halten, streicheln, knuddeln, küssen, kitzeln, umarmen oder einfach nur nah beieinander sitzen sind Dinge, die Kindern das Gefühl geben, in einer liebevollen Umgebung aufzuwachsen. Es hilft Ihrem Kind, sich wohl zu fühlen, wenn es nahestehenden Personen Zuneigung schenkt oder sie von ihnen bekommt. Gerade in den ersten Lebensjahren ist Zuneigung für Kinder besonders wichtig, damit sie eine feste und sichere Bindung zu Ihren Eltern aufbauen können.

Übung 3 Möglichkeiten, Zuneigung zu zeigen

Welche Art von Zuneigung mögen sowohl Sie als auch Ihr Kind?

....

....

....

....

Wünschenswertes Verhalten unterstützen

Wenn Sie Verhalten bestärken, das Sie mögen, erhöhen Sie die Wahrscheinlichkeit, dass es erneut auftritt. Hier sind einige Ideen, wie Sie Ihr Kind zu wünschenswertem Verhalten motivieren können.

Ihr Kind loben (jedes Alter)

Eine wichtige Möglichkeit, wünschenswertes Verhalten zu unterstützen, besteht darin, Ihr Kind zu loben. Achten Sie auf das Verhalten Ihres Kindes und loben Sie es, wenn es etwas tut, das Sie mögen. Lob kann eine allgemeine Zustimmung ausdrücken (z.B. *Prima, Paula!, Klasse, gut gemacht!*) oder eine genaue Beschreibung dessen sein, was Ihnen gut gefallen hat (z.B. *Danke, dass du sofort getan hast, worum ich dich gebeten habe!, Es freut mich, dass du sofort nach dem Spielen aufgeräumt hast!*). Vermeiden Sie es, in einem Lob indirekt unerwünschtes Verhalten anzusprechen (z.B. *Es ist schön, dass ihr beide zur Abwechslung endlich mal friedlich spielt und euch nicht streitet!, Danke, dass du mich nicht schon wieder beim Telefonieren gestört hast!*). Beschreibendes Lob ist besser geeignet als eine allgemeine Zustimmung, wenn Sie Ihr Kind für ein bestimmtes Verhalten motivieren möchten. Beschreiben Sie daher genau, was Ihnen am Verhalten Ihres Kindes gefallen hat. Lob kommt am besten an, wenn Sie es begeistert aussprechen und auch wirklich meinen, was Sie sagen.

Übung 4 Beschreibend loben

Schauen Sie sich in Ihrer Liste mit Zielen für Veränderungen die Verhaltensweisen an, von denen Sie möchten, dass Ihr Kind sie häufiger zeigt. Schreiben Sie zwei dieser Verhaltensweisen, die gelegentlich auftreten, hier auf. Notieren Sie dann jeweils ein beschreibendes Lob, mit dem Sie diese Verhaltensweisen fördern können. Beschreiben Sie dabei möglichst genau, was Sie loben wollen.

Ihrem Kind Aufmerksamkeit schenken (jedes Alter)

Es gibt viele Möglichkeiten, Kindern Aufmerksamkeit zu schenken. Ein Lächeln, Zuzwinkern, ein Nicken oder einfach nur Zusehen sind Formen der Aufmerksamkeit, die Kinder genießen und die das gezeigte Verhalten verstärken können. All diese Dinge unterstreichen Ihr Lob und zeigen Ihrem Kind, wie sehr Ihnen sein Verhalten gefallen hat. Sie können Ihrem Kind auf diese Weise auch in Situationen Aufmerksamkeit schenken, in denen ein Lob ungünstig scheint, z.B. wenn Ihr Kind in einer Gruppe von Freunden steht und es ihm peinlich sein könnte, gelobt zu werden. Denken Sie daran, dass Sie gezielt Aufmerksamkeit schenken können, um ein gewünschtes Verhalten zu verstärken und generell eine positive Beziehung zu fördern.

Übung 5 Möglichkeiten, Aufmerksamkeit zu schenken

Sammeln Sie Ideen, wie Sie Ihrem Kind Aufmerksamkeit schenken können.

Interessante Beschäftigungen anbieten (jedes Alter)

Sie fördern das selbstständige Spiel Ihres Kindes, wenn Sie für interessante Beschäftigungen sorgen. Diese bewirken, dass es etwas zu tun hat, und helfen ihm beim Lernen. So beugen sie Langeweile und Problemen vor. Achten Sie darauf, dass Ihr Kind sowohl drinnen als auch draußen genügend Spiel- und Beschäftigungsmöglichkeiten hat. Spielzeug und Aktivitäten müssen nicht teuer sein, um für Kinder interessant zu sein und Spaß zu machen.

Woche 2

Übung 6 Ideen für interessante Beschäftigungen

Denken Sie über neue, anregende Beschäftigungen nach, die Ihrem Kind Spaß machen könnten. Sie können auch mit anderen Eltern sprechen, um sich Anregungen zu holen. Möglicherweise können Sie sich auch ein paar Bücher mit Spielideen aus der Bücherei, dem Kindergarten oder der Schule ausleihen. Notieren Sie anschließend Ihre Spiel- und Beschäftigungsideen für drinnen und draußen.

SPIELE UND BESCHÄFTIGUNGEN DRINNEN	SPIELE UND BESCHÄFTIGUNGEN DRAUSSEN

Neue Fertigkeiten und Verhaltensweisen beibringen

Wenn Kinder groß werden, müssen sie viele neue und komplexe Fertigkeiten lernen (z.B. Zähne putzen, sich anziehen, aufräumen oder Probleme lösen). Es ist wichtig, dass Eltern wissen, wie sie ihre Kinder dabei unterstützen können. Im Folgenden finden Sie dazu einige Anregungen.

Ein gutes Vorbild sein (jedes Alter)

Wir alle lernen, indem wir anderen zusehen. Um neue Verhaltensweisen zu fördern, sollten Sie Ihr Kind also zuschauen lassen, wenn Sie etwas tun. Beschreiben Sie, was Sie tun, und lassen Sie es Ihr Kind nachmachen. Wenn nötig, bieten Sie ihm Unterstützung an und ermutigen Sie Ihr Kind danach, es noch einmal ohne Ihre Hilfe zu probieren. Loben Sie Ihr Kind für seine Bemühungen und Versuche, und wenn es etwas allein geschafft hat.

Erwarten Sie nicht von Ihrem Kind, dass es sich an Familienregeln hält, wenn es sonst keiner in der Familie tut. Sie können z.B. nicht von Ihrem Kind erwarten, dass es sich an die Familienregel *Wir sprechen mit ruhiger Stimme* hält, wenn Sie selbst oft laut werden oder schreien. Seien Sie ein gutes Vorbild und zeigen Sie Ihrem Kind, wie es sich verhalten soll.

■ Übung 7 Möglichkeiten, ein gutes Vorbild zu sein

Schauen Sie sich noch mal Ihre Liste mit Zielen für Veränderungen an (Seite 17). Entscheiden Sie, welche der Verhaltensweisen Sie bei Ihrem Kind fördern können, indem Sie ein gutes Vorbild sind. Schreiben Sie diese Verhaltensweisen hier auf.

....

....

....

....

Beiläufiges Lernen (1–12 Jahre)

Wenn sich Ihr Kind an Sie wendet, um Sie etwas zu fragen, mit Ihnen zu reden, Sie um Hilfe zu bitten oder Ihnen etwas zu zeigen, ist es in der Regel bereit, etwas zu lernen. Sie haben dann die Möglichkeit, Ihrem Kind etwas Neues beizubringen. Dies nennt man beiläufiges Lernen. Unterbrechen Sie, womit Sie gerade beschäftigt sind, und schenken Sie Ihrem Kind Aufmerksamkeit. Wenn Sie Ihrem Kind einfach nur die Antwort auf seine Frage geben, lernt es nicht, selbstständig zu denken. Helfen Sie Ihrem Kind daher lieber mit gezielten Fragen, die Antwort selbst herauszufinden und mehr zu reden, und schauen Sie, ob Sie ihm vielleicht noch mehr beibringen können - z.B. *Welche Farbe ist das? Richtig, Rot. Was ist noch rot?*. Geben Sie Ihrem Kind einen Hinweis, wenn es die Lösung nicht direkt weiß, und loben Sie es, wenn es auf die Lösung gekommen ist (z.B. indem Sie kurz zusammenfassen, was es gerade gelernt hat).

Das sollte Spaß machen und interessant sein, drängen Sie Ihr Kind also nicht. Wenn Ihr Kind die Lust verliert oder die Antwort nicht kennt, sagen Sie sie ihm einfach selbst. Die nächste Gelegenheit für beiläufiges Lernen kommt ganz bestimmt.

Übung 8 Ideen für beiläufiges Lernen

Es gibt einige Lerngelegenheiten, die häufiger auftreten. Überlegen Sie, wie Sie beiläufiges Lernen in den folgenden Situationen nutzen könnten:

Wenn Ihr Kind Fragen stellt, insbesondere *Warum*-Fragen (z.B. *Warum ist der Mond heute Nacht rund?*).

....

....

....

Wenn Ihr Kind ein Wort falsch ausspricht (z.B. *Sagetti* statt *Spaghetti*).

....

....

....

Wenn Ihr Kind Ihnen etwas zeigen will (z.B. *Guck Dir mein Bild an!*).

....

....

....

Wenn Ihr Kind etwas nicht allein schafft und Sie um Hilfe bittet (z.B. *Ich kann das Puzzle nicht.*).

Fragen-Sagen-Tun (3–12 Jahre)

Mit Fragen-Sagen-Tun bringen Sie Ihrem Kind bei, bestimmte Fertigkeiten selbstständig durchzuführen (z.B. sich anziehen, Zähne putzen oder sich ein Brot machen). Lange und schwierige Handlungsabläufe sollten Sie Ihrem Kind schrittweise beibringen. Teilen Sie dazu die Handlung in einzelne Schritte ein und bringen Sie Ihrem Kind einen Schritt nach dem anderen bei. Halten Sie sich bei jedem Schritt der Handlung an den folgenden Ablauf:

Fragen

Fragen Sie Ihr Kind, was der erste Schritt ist: *Was tun wir als Erstes, wenn wir uns die Zähne putzen?*

Sagen

Wenn Ihr Kind die richtige Antwort nicht weiß, sagen Sie ihm mit ruhiger Stimme, was es tun soll: *Als Erstes drücken wir Zahnpasta auf unsere Zahnbürste. Zeig mir mal, wie du Zahnpasta auf deine Zahnbürste gibst!*

Tun

Helfen Sie Ihrem Kind, wenn es die Handlung nicht alleine ausführt. Geben Sie ihm so viel Unterstützung wie es braucht, um den Schritt allein zu schaffen. Öffnen Sie z.B. die Zahnpastatube und führen Sie die Hände Ihres Kindes, indem Sie Ihre Hände auf seine legen. Nehmen Sie die Hilfestellung zurück, sobald die Handlung begonnen hat, und lassen Sie Ihr Kind den Schritt selbstständig beenden.

Loben Sie Mitarbeit und Erfolg

Loben Sie Ihr Kind für seine Mitarbeit und für jeglichen Erfolg bei einem der Handlungsschritte. Eine gute Möglichkeit, Ihr Kind zu loben, besteht darin, zu wiederholen, was es gesagt hat, oder zu beschreiben, was es gerade tut: *Das ist richtig. Zuerst drücken wir Zahnpasta auf die Zahnbürste. Schön gemacht.* Sobald Ihr Kind die neue Fertigkeit gelernt hat, brauchen Sie es nicht mehr so häufig dafür zu loben.

Wiederholen Sie Fragen-Sagen-Tun für jeden Schritt

Wiederholen Sie diesen Ablauf für jeden Schritt der Handlung (z.B. Zahnpasta auf die Bürste geben, Zähne putzen, Mund ausspülen, usw.). Nehmen Sie Ihre Unterstützung jedes Mal, wenn Ihr Kind die Handlung durchführt, etwas mehr zurück.

Übung 9 Ideen für den Gebrauch von Fragen-Sagen-Tun

Wählen Sie eine Verhaltensweise oder Fertigkeit aus, die Sie Ihrem Kind beibringen möchten, damit es lernt, diese selbstständig durchzuführen (z.B. Schuhe anziehen, zur Toilette gehen oder sich waschen). Wenden Sie Fragen-Sagen-Tun nun für die ersten Schritte der Handlung an, die Sie Ihrem Kind beibringen wollen. Im Folgenden finden Sie ein Beispiel für den ersten Schritt beim An- und Ausziehen:

Verhalten oder Fertigkeit: An- und Ausziehen

FRAGEN	Was tun wir als Erstes, wenn wir uns morgens anziehen?
SAGEN	Richtig, wir ziehen unseren Schlafanzug aus.
TUN	Ja, diese Knöpfe sind schwer aufzuknöpfen. Ich werde Dir beim ersten Knopf helfen.

Wenden Sie Fragen-Sagen-Tun nun auf die ersten drei Schritte der von Ihnen ausgewählten Handlung an.

Verhalten oder Fertigkeit: ....

1. Schritt:

FRAGEN	
SAGEN	
TUN	

2. Schritt:

FRAGEN	
SAGEN	
TUN	

3. Schritt:

FRAGEN	
SAGEN	
TUN	

Punktekarte (2–12 Jahre)

Manchmal brauchen Kinder ein wenig extra Motivation, um ein Verhalten zu ändern, eine neue Fertigkeit zu üben oder an sie gestellte Aufgaben zu bewältigen. In diesen Fällen kann eine Punktekarte helfen, die für einige Wochen angewendet und dann ausgeschlichen wird. Für ein bestimmtes Verhalten oder eine Fertigkeit kann Ihr Kind sich Punkte, Sterne, Smileys oder Aufkleber verdienen, die dann in eine Punktekarte geklebt oder gestempelt werden. So können Sie Ihrem Kind zeigen, dass Ihnen sein Verhalten gefällt und dass Sie seine Bemühungen anerkennen. Ihr Kind wird sich wertgeschätzt und für seine Bemühungen und Erfolge belohnt fühlen, und sein Selbstwertgefühl wird gestärkt.

Die motivierende Wirkung einer Punktekarte kann noch weiter verbessert werden, indem Sie Ihrem Kind ermöglichen, sich bei einer bestimmten Anzahl von Punkten oder Sternen eine besondere Belohnung zu verdienen. Diese muss nicht teuer sein. Die besten Belohnungen sind meistens Aktivitäten, wie zum Beispiel ein Fahrradausflug mit der ganzen Familie, ganz alleine Zeit mit Mama oder Papa verbringen, gemeinsam schwimmen gehen, zusammen einen Kuchen backen oder picknicken. Belohnungen können auch aus einer Süßigkeit, einem neuen Buch, einer Zeitschrift, einem kleinen Spielzeug, der Auswahl des Abendessens oder einem gemeinsamen Filmabend bestehen. Suchen Sie die Belohnung möglichst zusammen mit Ihrem Kind aus. Fragen Sie Ihr Kind, auf welche Belohnung es gerne hinarbeiten würde. Auf jeden Fall sollte die Belohnung aber in einem vernünftigen Rahmen liegen. Die folgende Punktekarte wurde eingesetzt, um ein Kind zu motivieren, die ganze Nacht im eigenen Bett zu bleiben. Am Anfang wurde jede Nacht im eigenen Bett belohnt. Später, als das Kind dieses Ziel einige Male ohne Probleme erreicht hatte, wurde nur noch jede zweite und dann jede fünfte Nacht im eigenen Bett belohnt.

Beispiel für eine Punktekarte

Meine Punktekarte: Die ganze Nacht in meinem eigenen Bett schlafen

Montag	Dienstag	Mittwoch	Donnerstag	Freitag	Samstag	Sonntag
☺ Belohnung	☺ Belohnung		☺	☺ Belohnung	☺	
Montag	Dienstag	Mittwoch	Donnerstag	Freitag	Samstag	Sonntag
☺ Belohnung	☺	☺	☺		☺	☺ Belohnung

Hier sind einige Hinweise für den Einsatz einer Punktekarte:

- Bereiten Sie alle Dinge vor, die Sie benötigen. Zeichnen Sie die Punktekarte (siehe Beispiel) und besorgen Sie Aufkleber, Stempel, Smileys, Sterne oder Stifte, mit denen Sie die Punkte eintragen können.

- Beschreiben Sie das Verhalten, für das Ihr Kind sich Punkte verdienen kann, konkret und positiv, z.B. *Während des Essens am Tisch sitzen bleiben* (statt: *Nicht aufstehen*).
- Entscheiden und erklären Sie, wie häufig Ihr Kind sich Punkte oder Aufkleber verdienen kann (z.B. *Immer, wenn du während des Essens 5 Minuten ruhig sitzen geblieben bist, bekommst du einen Stern.*)
- Legen Sie eine Anzahl von Punkten oder Aufklebern fest, die Ihr Kind sich verdienen muss, bevor es eine Belohnung bekommt. Setzen Sie ihm zunächst ein leichtes Ziel, sodass Ihr Kind über mindestens zwei Tage Erfolg hat, bevor das Ziel schwerer zu erreichen sein wird. Fragen Sie Ihr Kind, wie viele Punkte oder Aufkleber es für eine Belohnung benötigt, um sicherzugehen, dass es alles verstanden hat.
- Sprechen Sie mit Ihrem Kind über Belohnungen. Einigen Sie sich auf umsetzbare Belohnungen, die nicht zu teuer und nicht zu schwierig zu organisieren sind.
- Überlegen Sie sich Konsequenzen für den Fall, dass im Zusammenhang mit der Punktekarte Regeln gebrochen werden (siehe Woche 3: Kindern Orientierung geben). Erklären Sie Ihrem Kind die möglichen Konsequenzen und was passiert, wenn es ein Ziel nicht erreicht.
- Loben Sie Ihr Kind jedes Mal, wenn es sich einen Punkt verdient hat.
- Geben Sie Ihrem Kind die vereinbarte Belohnung, wenn es das Ziel erreicht hat. Erreicht es das Ziel nicht, geben Sie ihm keine Belohnung. Kritisieren Sie Ihr Kind jedoch auch nicht, geben Sie ihm keinen „schwarzen Punkt" oder traurigen Smileys und nehmen Sie ihm keine Punkte weg, die es sich bereits verdient hat. Ermutigen Sie es, indem Sie zum Beispiel sagen *Macht nichts, wir probieren es einfach beim nächsten Mal wieder.*
- Wenn Ihr Kind das Ziel regelmäßig erreicht, können Sie beginnen, die Belohnungen ausklingen zu lassen, indem Sie das Ziel schwieriger erreichbar machen. Erhöhen Sie z.B. die Anzahl der Aufkleber oder Stempel, die es braucht, um eine Belohnung zu bekommen, so dass es nur noch jeden zweiten Tag eine Belohnung bekommt, später dann nur noch einmal pro Woche. Wenn Ihr Kind einmal pro Woche eine Belohnung bekommt, können Sie eine Familienaktivität für das Wochenende planen, auf die Ihr Kind sich freut. Auch andere Aktivitäten, die nicht jeden Tag möglich sind, können eine zusätzliche Motivation für Ihr Kind darstellen.
- Nutzen Sie die Punktekarte nur über kürzere Zeiträume. Beginnen Sie damit, die Punktekarte nach und nach auszuschleichen und machen Sie die Belohnungen weniger vorhersehbar, indem Sie das wünschenswerte Verhalten nur noch von Zeit zu Zeit belohnen. Loben Sie Ihr Kind weiterhin für angemessenes Verhalten. Lassen Sie auch weiterhin Konsequenzen folgen, falls unerwünschtes Verhalten auftritt (siehe Woche 3: Kindern Orientierung geben).

Übung 10 Den Einsatz einer Punktekarte planen

Schreiben Sie auf, welches Verhalten Ihres Kindes Sie durch eine Punktekarte motivieren wollen. Beachten Sie dabei, das Verhalten positiv zu formulieren. Es könnte z.B. heißen *Tun, was Mama oder Papa sagt* anstelle von *Nicht bockig sein* oder *Ruhig sprechen* statt *Nicht schreien*. Ihr Kind soll verstehen können, welches Verhalten Sie von ihm erwarten.

....

....

....

....

....

Überlegen Sie sich, was Ihr Kind bekommen soll, wenn es sich so verhält, wie Sie es sich wünschen (z.B. Aufkleber, Stempel, Sterne, Smileys), und wie viele es davon sammeln muss, bis es eine Belohnung bekommt. Denken Sie daran, die Belohnungen anfangs leicht erreichbar zu machen, damit Ihr Kind für seine zusätzlichen Anstrengungen belohnt wird. Später können Sie die Belohnungen allmählich schwerer erreichbar machen. Idealerweise sollte Ihr Kind bereits am ersten Tag eine Belohnung verdienen können.

....

....

....

....

Beschreiben Sie hier die Belohnungen, die Ihr Kind sich für eine bestimmte Anzahl von Aufklebern oder Stempeln verdienen kann. Suchen Sie Belohnungen aus, die Ihrem Kind Spaß machen (z.B. ein Lieblingsessen auswählen, eine zusätzliche Geschichte vorlesen oder den Besuch eines Freundes). Beziehen Sie Ihr Kind bei der Auswahl der Belohnungen mit ein und fragen Sie es, auf welche Belohnung es hinarbeiten möchte.

....

....

....

....

....

In der nächsten Woche werden Sie entscheiden, welche Konsequenzen Sie anwenden können, wenn Ihr Kind Regeln, die im Zusammenhang mit der Punktekarte vereinbart wurden, bricht. Genaueres dazu wird im nächsten Kapitel beschrieben.

Notieren Sie alles, was Sie für den Einsatz einer Punktekarte besorgen und vorbereiten müssen (z.B. Aufkleber, Belohnungen).

....

....

....

....

Zusammenfassung

In dieser Woche haben Sie zehn positive Erziehungsfertigkeiten zur Förderung der kindlichen Entwicklung kennengelernt:

- Wertvolle Zeit mit Ihrem Kind verbringen
- Mit Ihrem Kind reden
- Zuneigung zeigen
- Ihr Kind loben
- Ihrem Kind Aufmerksamkeit schenken
- Interessante Beschäftigungen anbieten
- Ein gutes Vorbild sein
- Beiläufiges Lernen
- Fragen-Sagen-Tun
- Punktekarte

Aufgaben

- Wählen Sie zwei Erziehungsfertigkeiten aus, die Sie in der nächsten Woche ausprobieren möchten. Setzen Sie sich konkrete Ziele (z.B. *Ich werde fünfmal am Tag beschreibend loben* oder *Ich werde jeden Abend Fragen-Sagen-Tun einsetzen, um meinem Kind das Zähneputzen beizubringen*). Notieren Sie in der Checkliste auf Seite 46, wie Ihr Vorhaben geklappt hat. Tragen Sie für jeden Tag ein, ob Sie Ihr Ziel erreicht haben (Ja) oder nicht (Nein). Sie finden auch Platz, um Bemerkungen oder Schwierigkeiten zu notieren (z.B. *Ben fand es toll, gelobt zu werden oder Ich hatte heute einfach keine Kraft, Zeit mit den Kindern zu verbringen*). Eine Kopiervorlage für die Checkliste finden Sie am Ende des Buches im Abschnitt „Arbeitsblätter". Notieren Sie hier die beiden Erziehungsfertigkeiten, die Sie innerhalb der nächsten Woche ausprobieren möchten.

....

....

....

....

- Besprechen Sie mit Ihrem Kind, auf welche Belohnung es bei einer Punktekarte gerne hinarbeiten möchte. In Übung 10 können Sie mögliche Belohnungen notieren.
- Bereiten Sie den Einsatz der Punktekarte vor, aber warten Sie mit der Umsetzung noch bis zum Ende der dritten Woche, wenn Sie mehr Informationen zu den möglichen Konsequenzen bei problematischem Verhalten gelesen haben.

Es ist hilfreich, das Verhalten Ihres Kindes, das Sie am Ende der ersten Woche ausgewählt haben, weiter zu beobachten. Achten Sie darauf, ob sich das Verhalten Ihres Kindes ändert, wenn Sie die Erziehungsfertigkeiten aus diesem Kapitel ausprobieren.

Themen der nächsten Woche

In der dritten Woche geht es um praktische Erziehungsfertigkeiten, die Ihnen helfen sollen:

- Ihrem Kind Orientierung zu geben,
- ruhig auf problematisches Verhalten Ihres Kindes zu reagieren und
- Ihr Kind beim Lernen von Selbstkontrolle zu unterstützen.

Checkliste zur Förderung der kindlichen Entwicklung

Anleitung: Wählen Sie zwei Erziehungsfertigkeiten aus, die in der zweiten Woche besprochen wurden und die Sie in der nächsten Woche üben wollen. Setzen Sie sich dabei möglichst konkrete Ziele. Ein Ziel könnte beispielsweise sein, Ihr Kind jeden Tag mindestens fünf Mal beschreibend zu loben. Halten Sie in der Tabelle jeden Tag fest, ob Sie Ihre Ziele erreicht haben. Schreiben Sie kurz auf, was gut geklappt hat und ob Probleme aufgetreten sind.

1. ZIEL:

....

....

2. ZIEL:

....

....

TAG	1. ZIEL JA/NEIN	2. ZIEL JA/NEIN	ANMERKUNGEN
1			
2			
3			
4			
5			
6			
7			

Kindern Orientierung geben

Überblick

Es ist für Kinder wichtig zu lernen, Grenzen zu akzeptieren und mit Enttäuschungen umzugehen, wenn sie ihren Willen nicht durchsetzen können. Solche Situationen können eine Herausforderung für Eltern sein, doch es gibt positive und wirksame Wege, mit denen Sie ruhig auf problematisches Verhalten reagieren können. Kinder lernen Selbstkontrolle am besten, wenn ihre Eltern sofort, konsistent (also mit gleichartigen Reaktionen in vergleichbaren Situationen) und entschieden mit Konsequenzen auf herausforderndesVerhalten reagieren. In diesem Kapitel werden verschiedene Möglichkeiten vorgestellt, wie dies gelingen kann. Überlegen Sie beim Lesen, welche der Möglichkeiten für Ihre Familie hilfreich sein könnten und welche Sie ausprobieren möchten.

Am Ende der dritten Woche sollten Sie in der Lage sein:

- klare Familienregeln aufzustellen und diese mit Ihrer Familie zu besprechen,
- direktes Ansprechen und absichtliches Ignorieren bei leichtem herausforderndem Verhalten einzusetzen,
- Ihrem Kind klare, ruhige Anweisungen zu geben,
- logische Konsequenzen, die ruhige Zeit oder die Auszeit bei nicht befolgten Anweisungen oder aggressivem Verhalten einzusetzen und
- eine Punktekarte in die Praxis umzusetzen.

Kindern Orientierung geben

Es gibt viele Möglichkeiten, wie Eltern mit schwierigem Verhalten umgehen können. Hier sind einige Anregungen, die Ihnen helfen sollen, auf herausforderndes Verhalten angemessen zu reagieren und Ihr Kind dabei zu unterstützen, mit Frustrationen umzugehen und Grenzen zu akzeptieren.

Bedenken Sie, dass alle Erziehungsfertigkeiten ihre Grenzen haben und dass es keine gibt, die in allen Situationen wirkt. Manchmal ist es sinnvoll, mehrere Erziehungsfertigkeiten miteinander zu kombinieren. Bitte beachten Sie auch: Damit die Fertigkeiten aus diesem Kapitel wirken können, müssen sie in Verbindung mit denen zur Unterstützung wünschenswerten Verhaltens aus Woche 2 angewendet werden.

Klare Familienregeln aufstellen (3–12 Jahre)

Kinder brauchen Grenzen, damit sie wissen, was von ihnen erwartet wird und wie sie sich verhalten sollen. Einige einfache Familienregeln (vier oder fünf) können dabei hilfreich sein. Regeln sollten Kindern sagen, was sie tun sollen (statt was sie nicht tun sollen). *Im Haus gehen, Mit ruhiger Stimme sprechen* und *Beim Spielen abwechseln* sind bessere Regeln als *Nicht rennen, Nicht schreien* und *Nicht streiten.* Regeln wirken am besten, wenn sie gerecht sowie leicht zu verstehen und zu befolgen sind. Außerdem sollte es möglich sein, eine Konsequenz anzuwenden, wenn die Regeln nicht eingehalten werden. Versuchen Sie, Ihr Kind beim Aufstellen der Familienregeln mit einzubeziehen, z.B. während einer Familiensitzung. Die wichtigsten Punkte, an die Sie dabei denken sollten, sind:

- Es sollten nur wenige Regeln sein.
- Die Regeln sollten gerecht und nachvollziehbar sein.
- Die Regeln sollten leicht zu befolgen sein.
- Wenn die Regeln nicht beachtet werden, sollten Sie eine Konsequenz anwenden können.
- Die Regeln sollten positiv formuliert sein (also das beschreiben, was zu tun ist, statt was zu lassen ist).

Übung 1 Familienregeln

Schreiben Sie hier vier oder fünf Regeln auf, die Sie in Ihrer Familie einführen möchten.

....

....

....

....

....

Mit direktem Ansprechen auf die Nichtbeachtung von Regeln reagieren (3–12 Jahre)

Direktes Ansprechen ist eine nützliche Erziehungsfertigkeit, um Kindern zu helfen, sich an Regeln halten. Sie eignet sich am besten, wenn ein Kind ab und zu eine Regel vergisst oder missachtet. Dazu gehört, das Kind kurz an die Regel zu erinnern und ihm die Möglichkeit zu geben, das richtige Verhalten zu üben.

Gewinnen Sie die Aufmerksamkeit Ihres Kindes und sagen Sie ihm kurz, was das Problem ist und warum es ein Problem ist. Bitten Sie Ihr Kind zu sagen, was es stattdessen hätte tun sollen oder sagen Sie es ihm. Dieses Verhalten sollte dann geübt werden. Zum Beispiel: *Jan, du läufst hier drinnen mit deinen Straßenschuhen und machst dabei die Wohnung dreckig. Was hatten wir vereinbart, welche Schuhe wir im Haus tragen? ... Gut, dann zieh dir jetzt deine Hausschuhe an.* Sie können die Wirkung des direkten Ansprechens erhöhen, indem Sie Ihr Kind das angemessene Verhalten noch ein oder zwei Mal üben lassen. Wenden Sie die ruhige Zeit an, wenn Ihr Kind die Anweisung verstanden hat, sich aber weigert, die Regel zu befolgen (siehe Übung 6). Loben Sie Ihr Kind, wenn es die Regeln beachtet und einhält.

Woche 3

Übung 2 Ideen für direktes Ansprechen

Denken Sie an eine Regel, die in Ihrer Familie manchmal unbeachtet bleibt, oder stellen Sie sich vor, dass Ihr Kind gerade eine der neuen Regeln vergessen hat. Schreiben Sie auf, was Sie bei den einzelnen Schritten des direkten Ansprechens sagen könnten, um das vereinbarte Verhalten bei Ihrem Kind zu fördern.

Situation:

....

....

Gewinnen Sie die Aufmerksamkeit Ihres Kindes.

....

....

Beschreiben Sie kurz das Problem mit einfachen Worten und ruhiger Stimme.

....

....

Erklären Sie kurz, warum das Verhalten ein Problem ist.

....

....

Beschreiben Sie das vereinbarte Verhalten oder fragen Sie Ihr Kind danach.

....

....

Bitten Sie Ihr Kind, das vereinbarte Verhalten zu üben.

....

....

Loben Sie Ihr Kind für das vereinbarte Verhalten.

....

....

Leichtes herausforderndes Verhalten absichtlich ignorieren (1–7 Jahre)

Absichtliches Ignorieren bedeutet, ein Kind bewusst nicht zu beachten, wenn es ein geringfügiges herausforderndes Verhalten zeigt. Dies ist besonders hilfreich, wenn ein Kind sich einzig und allein deshalb daneben zu benehmen scheint, um eine Reaktion oder Aufmerksamkeit zu erhalten, z.B. quengeln, Grimassen schneiden und alberne oder unangemessene Geräusche machen. Wenn ein solch geringes herausforderndes Verhalten ignoriert wird, lernen Kinder, dass sie nicht länger eine Reaktion auf ihr Verhalten bekommen.

Wenn Sie ein herausforderndes Verhalten ignorieren, sollten Sie Ihr Kind dabei nicht anschauen und nicht mit ihm sprechen. Dabei kann es passieren, dass Ihr Kind sich zunächst noch schlechter benimmt, um Ihre Aufmerksamkeit zu erringen. Ignorieren Sie es einfach weiter und wenn nötig, drehen Sie sich um und gehen Sie weg. Achten Sie auf eine ruhige Körpersprache. Atmen Sie wenn nötig ein paar Mal langsam und tief durch – dies kann Ihnen helfen, ruhig zu bleiben, auch wenn Sie genervt oder wütend sind. Ignorieren Sie Ihr Kind so lange wie das herausfordernde Verhalten andauert. Sobald es damit aufhört und sich angemessen verhält, sollten Sie es loben und ihm Aufmerksamkeit schenken.

Schwerwiegenderes problematisches Verhalten sollten Sie dagegen nicht ignorieren. Wenn Ihr Kind z.B. sich selbst schadet bzw. verletzt, jemand anderem wehtut oder etwas kaputt macht, sollten Sie sofort und entschieden reagieren (siehe Übungen 4 bis 7).

■ Übung 3 Ideen für absichtliches Ignorieren

Für welche unerwünschten aufmerksamkeitssuchenden Verhaltensweisen könnten Sie absichtliches Ignorieren einsetzen?

....

....

....

Wann sollten Sie aufhören, ein Verhalten zu ignorieren?

....

....

....

Was würde es für Sie erschweren, ein Verhalten absichtlich zu ignorieren, und wie könnten Sie damit umgehen?

....

....

....

Klare, ruhige Anweisungen geben (2–12 Jahre)

Wenn man von Kindern etwas möchte, ist es wichtig, seine Anweisung klar und ruhig zu formulieren und sicherzustellen, dass sie befolgt wird. Allerdings ist es nicht sinnvoll, jedes Mal darauf zu bestehen, dass Ihr Kind sofort tut, was Sie möchten. Wenn Sie möchten, dass Ihr Kind mit einer neuen Aktivität beginnt, lassen Sie es, wenn möglich, seine Beschäftigung zunächst beenden (z.B. ein Bild zu Ende malen oder eine Fernsehsendung zu Ende sehen) oder warten Sie, bis es eine Pause macht (z.B. nachdem es gewürfelt und seine Figur gesetzt hat), bevor Sie Ihre Anweisung geben. Reagieren Sie jedoch sofort, wenn Ihr Kind sich daneben benimmt.

Wenn Sie möchten, dass Ihr Kind etwas Bestimmtes tut, gehen Sie folgendermaßen vor:

Gehen Sie zu Ihrem Kind und gewinnen Sie seine Aufmerksamkeit

Unterbrechen Sie Ihre Tätigkeit und nähern Sie sich Ihrem Kind bis auf Armeslänge. Gehen Sie auf Augenhöhe mit Ihrem Kind und sprechen Sie es mit Namen an, um seine Aufmerksamkeit zu erlangen.

Sagen Sie Ihrem Kind, was es tun soll

Sagen Sie Ihrem Kind mit ruhiger Stimme genau, was es tun soll: *Anna, es ist Zeit zum Abendessen. Setz dich bitte an den Tisch.* Wenn Sie möchten, dass Ihr Kind mit etwas aufhört, achten Sie darauf, dass Sie ihm sagen, was es stattdessen tun soll: *Mathilde, hör auf, deinen Bruder anzuschreien. Sag ihm mit ruhiger Stimme, was du möchtest.*

Lassen Sie Ihrem Kind Zeit, um zu tun, was Sie ihm gesagt haben

Geben Sie Ihrem Kind etwa 5 Sekunden Zeit, um zu tun, was Sie ihm gesagt haben. Bleiben Sie dabei in seiner Nähe und beobachten Sie es.

Loben Sie Ihr Kind, wenn es tut, was Sie ihm gesagt haben

Loben Sie Ihr Kind, wenn es tut, wozu Sie es aufgefordert haben: *Danke, dass du sofort getan hast, was ich gesagt habe!.*

Wiederholen Sie Ihre Anweisung

Wenn Sie Ihr Kind aufgefordert haben, mit einer neuen Tätigkeit zu beginnen (z.B. sich für's Bett fertig zu machen) und Ihr Kind innerhalb von 5 Sekunden nicht reagiert hat, wiederholen Sie Ihre Anweisung noch einmal (Start-Situation). Wenn Sie Ihr Kind jedoch aufgefordert haben, mit einem unerwünschten Verhalten aufzuhören, wiederholen Sie Ihre Anweisung nicht (Stopp-Situation).

Setzen Sie eine Konsequenz ein, wenn Ihr Kind nicht tut, was Sie ihm gesagt haben

Setzen Sie eine Konsequenz ein, wenn Ihr Kind nicht tut, was Sie ihm gesagt haben (siehe Übungen 5 bis 7).

Übung 4 Ideen für klare, ruhige Anweisungen

Notieren Sie einige Formulierungsbeispiele für klare, ruhige Anweisungen in den folgenden Situationen. Geben Sie außerdem an, wie oft Sie die Anweisung in der jeweiligen Situation geben würden.

Es ist Zeit zum Abendessen.

....

....

....

Wie oft würden Sie diese Anweisung geben? Einmal ☐ Zweimal ☐

Ihr Kind springt auf dem Sofa herum.

....

....

....

Wie oft würden Sie diese Anweisung geben? Einmal ☐ Zweimal ☐

Die Spielsachen sind auf dem Boden verstreut.

....

....

....

Wie oft würden Sie diese Anweisung geben? Einmal ☐ Zweimal ☐

Ihr Kind unterbricht Sie, während Sie telefonieren.

....

....

....

Wie oft würden Sie diese Anweisung geben? Einmal ☐ Zweimal ☐

Es ist Zeit, sich zum Nachhausegehen fertig zu machen.

....

....

....

Wie oft würden Sie diese Anweisung geben? Einmal ☐ Zweimal ☐

Logische Konsequenzen bei nicht befolgten Anweisungen

(2–12 Jahre)

Logische Konsequenzen sind am besten bei leichtem problematischem Verhalten geeignet, das eher selten auftritt. Wenn Ihr Kind eine Regel oder klare Anweisung nicht beachtet, wählen Sie eine passende Konsequenz aus. Entfernen Sie die Dinge, durch die das problematische Verhalten ausgelöst wurde, oder unterbrechen Sie Ihr Kind in seiner Tätigkeit. Konsequenzen sind am wirksamsten, wenn Sie kurz andauern (5 bis 30 Minuten sind normalerweise genug). Die Konsequenz kann länger dauern, wenn das Problem am gleichen Tag noch einmal auftritt.

Gehen Sie folgendermaßen vor, wenn Ihr Kind etwas tut, das es nicht tun soll, und nicht auf Ihre Anweisung oder direktes Ansprechen reagiert:

Unterbrechen Sie die Beschäftigung Ihres Kindes

Handeln Sie sofort, sobald das Problem auftritt. Diskutieren oder streiten Sie nicht mit Ihrem Kind und ignorieren Sie, wenn es quengelt. Erklären Sie ihm, warum Sie seine Aktivität unterbrechen oder ihm etwas wegnehmen, z.B. *Du lässt deinen Bruder nicht wie vereinbart mitspielen, deshalb lege ich das Spielzeug jetzt für 5 Minuten weg.* oder *Du trägst keinen Fahrradhelm, so wie ich es dir gesagt habe, also stelle ich das Fahrrad für 30 Minuten weg.* oder *Ihr streitet euch immer noch über das Fernsehprogramm, deshalb bleibt der Fernseher jetzt für 10 Minuten aus.* oder *Weil du weiterhin mit Sand wirfst, gehst du jetzt für 5 Minuten nicht mehr in den Sandkasten, bleib jetzt bei mir.*

Woche 3

Lassen Sie Ihr Kind die Beschäftigung wieder aufnehmen

Halten Sie sich an die Vereinbarung. Stellen Sie die Aktivität wieder zur Verfügung, sobald die Zeit vorüber ist. Nur so kann Ihr Kind wünschenswertes Verhalten üben. Versuchen Sie zu vermeiden, dass das gleiche Problem wieder auftritt, indem Sie Ihrem Kind helfen, sein Problem zu lösen (z.B. indem Sie gemeinsam besprechen, wer beim Spielen zuerst an der Reihe ist).

Setzen Sie, wenn nötig, andere Konsequenzen ein

Wenn das problematische Verhalten nach einer logischen Konsequenz erneut auftritt, unterbrechen Sie die Tätigkeit, bei der das Problem auftritt, für eine längere Zeitspanne (z.B. für den Rest des Tages). Alternativ können Sie die ruhige Zeit anwenden (siehe nächste Seite).

Übung 5 Logische Konsequenzen auswählen

Überlegen Sie sich mögliche logische Konsequenzen für die folgenden Situationen und schreiben Sie auf, was Sie zu Ihrem Kind sagen würden:

Ihr Kind spielt während des Essens mit seinem Getränk.

....

....

Ihr Kind geht beim Spielen grob mit anderen Kindern um.

....

....

....

Ihr Kind läuft während eines Spaziergangs zu weit weg.

....

....

....

Ihr Kind klettert auf der Fensterbank herum.

....

....

....

Ihr Kind bemalt die Tapete.

....

....

....

Ruhige Zeit (18 Monate–10 Jahre)

Die ruhige Zeit ist eine kurze und wirksame Methode, um Kindern zu helfen, angemessenes Verhalten zu erlernen. Nutzen Sie die ruhige Zeit, wenn Ihr Kind sich daneben benimmt oder nicht tut, wozu Sie es aufgefordert haben. Ruhige Zeit bedeutet, dass Ihr Kind seine Beschäftigung, bei der das problematische Verhalten aufgetreten ist, unterbrechen und sich für kurze Zeit am Rande des Geschehens ruhig aufhalten soll. Schenken Sie Ihrem Kind während der ruhigen Zeit keine Aufmerksamkeit und reden Sie nicht mit ihm. Während dieser Zeit sollen die Kinder ruhig sein, nicht reden und somit keine Beachtung einfordern. Wenn Ihr Kind während der festgesetzten Zeit ruhig war, kann es mit seiner Beschäftigung weitermachen.

Die ruhige Zeit kommt normalerweise dort zum Einsatz, wo das Problem aufgetreten ist. Jüngere Kinder können auch in einem Gitterbett oder Laufstall die ruhige Zeit verbringen, ältere Kinder können während der ruhigen Zeit auf dem Boden oder auf einem Stuhl sitzen. Bei der ruhigen Zeit sind kurze Zeiten wirkungsvoller als längere. Eine Minute ruhige Zeit bei zweijährigen Kindern, 2 Minuten bei drei- bis fünfjährigen, und 5 Minuten bei fünf- bis zehnjährigen Kindern sollten nicht überschritten werden. Wenn Ihr Kind für die festgelegte Zeit ruhig war, lassen Sie es wieder zu der Aktivität zurückkehren.

Es ist wichtig, dass Ihr Kind weiß, was die ruhige Zeit bedeutet, bevor Sie sie anwenden. Setzen Sie sich in einer ruhigen Minute mit Ihrem Kind zusammen, erklären Sie ihm, welches konkrete Verhalten die ruhige Zeit zur Folge haben wird, und gehen Sie mit ihm den Ablauf der ruhigen Zeit Schritt für Schritt durch. Erklären Sie ihm die Regeln der ruhigen Zeit. Vergewissern Sie sich, dass Ihr Kind verstanden hat, dass es sich eine bestimmte Zeit ruhig verhalten muss, bevor es mit seiner Beschäftigung weitermachen darf.

Halten Sie sich an die folgenden Schritte, sobald ein herausforderndes Verhalten auftritt:

Sagen Sie Ihrem Kind, was es tun soll

Reagieren Sie sofort, wenn Sie ein herausforderndes Verhalten bemerken. Gehen Sie nah an Ihr Kind heran, gewinnen Sie seine Aufmerksamkeit. Sagen Sie ihm, womit es aufhören und was es stattdessen tun soll (z.B. *Daniel, hör auf, deine Schwester anzuschreien. Sprich ruhig mit ihr.*). Loben Sie Ihr Kind, wenn es tut, wozu Sie es aufgefordert haben.

Untermauern Sie Ihre Anweisung mit der ruhigen Zeit

Wenn das herausfordernde Verhalten weiter anhält oder kurz darauf erneut auftritt, sagen Sie Ihrem Kind, was es falsch gemacht hat (*Du hast nicht aufgehört zu schreien.*) und nennen Sie ihm die Konsequenz (*Deswegen hast du jetzt zwei*

Minuten ruhige Zeit.). Bleiben Sie ruhig, aber bestimmt. Bringen Sie Ihr Kind, wenn nötig, in die ruhige Zeit (am Rande des Geschehens). Ignorieren Sie jeglichen Protest und streiten Sie nicht mit Ihrem Kind.

Erinnern Sie Ihr Kind an die Regeln

Wenn Sie Ihr Kind in die ruhige Zeit bringen, erinnern Sie es daran, dass es mit seiner Beschäftigung fortfahren darf, sobald es die festgelegte Zeit ruhig geblieben ist. Wenn Ihr Kind sich während der ruhigen Zeit nicht ruhig verhält, bringen Sie es in die Auszeit (siehe Seite 57).

Nach der ruhigen Zeit

Sprechen Sie den Vorfall nach der ruhigen Zeit nicht mehr an. Bringen Sie Ihr Kind zurück und helfen Sie Ihrem Kind, eine Beschäftigung zu finden oder wiederholen Sie Ihre ursprüngliche Anweisung, wenn Ihr Kind eine neue Tätigkeit beginnen sollte. Achten Sie auf wünschenswertes Verhalten und loben Sie Ihr Kind nach der ruhigen Zeit so bald wie möglich dafür. Wenn sich das herausfordernde Verhalten wiederholt, gehen Sie die Schritte der ruhigen Zeit erneut durch.

Übung 6 Den Einsatz der ruhigen Zeit vorbereiten

Wo kann die ruhige Zeit stattfinden?

Was erklären Sie Ihrem Kind, wenn Sie die ruhige Zeit mit ihm vorbesprechen?

Was sagen Sie zu Ihrem Kind, wenn Sie es in die ruhige Zeit bringen?

Wie lange soll Ihr Kind während der ruhigen Zeit ruhig sein?

Wann schenken Sie Ihrem Kind wieder Aufmerksamkeit und sprechen wieder mit ihm?

....

....

Was sagen Sie zu Ihrem Kind, wenn die ruhige Zeit vorüber ist?

....

....

....

....

Woche 3

Was können Sie tun, wenn Ihr Kind nicht ruhig ist oder ruhig sitzen bleibt?

....

....

....

....

Auszeit (2–10 Jahre)

Die Auszeit ist eine positive Erziehungsfertigkeit, die Sie anwenden können, wenn Ihr Kind sich in der ruhigen Zeit nicht ruhig verhalten hat, oder als eine Konsequenz für schwerwiegenderes herausforderndes Verhalten (z.B. Wutanfälle, anderen wehtun). Richtig eingesetzt, ist die Auszeit ein positiver und sehr wirksamer Weg, um Kindern zu helfen, Selbstkontrolle und angemessenes Verhalten zu erlernen. Außerdem hilft die Auszeit Eltern, ruhig zu bleiben, wenn ihr Kind sich daneben benommen hat, statt es anzuschreien, ihm zu drohen oder es zu schlagen. Das ist ein großer Vorteil, denn wenn Sie wütend werden, besteht die Gefahr, dass Sie außer sich geraten und Ihrem Kind wehtun. Eine Auszeit gibt in einer eskalierenden Situation jedem die Möglichkeit, sich zu beruhigen.

Im Wesentlichen wird die Auszeit genau wie die ruhige Zeit angewendet. Der Unterschied besteht darin, dass Sie Ihr Kind für kurze Zeit in einen anderen Raum bringen, in dem sich niemand sonst befindet. Es ist entscheidend, wie der Ort beschaffen ist, an dem Sie die Auszeit durchführen. Der Raum sollte sicher, hell und gut belüftet sein und dem Kind keine Angst machen. Bereiten Sie den Raum, den Sie für die Auszeit nutzen, vor. Wenn Sie z.B. das Badezimmer nutzen wollen, vergewissern Sie sich, dass es kindersicher ist, indem Sie alle Gegenstände entfernen oder wegschließen, die gefährlich oder zerbrechlich sind. Außerdem sollte der Raum möglichst uninteressant sein. Wenn das Kinderzimmer voller interessanter Spielzeuge und Beschäftigungsmöglichkeiten ist, sollten Sie also über einen anderen Ort für die Auszeit nachdenken.

Schenken Sie Ihrem Kind während der Auszeit keine Aufmerksamkeit, auch nicht, wenn es nach Ihnen ruft. Es ist eine Zeit, um sich zu beruhigen und nicht, um zu reden oder Aufmerksamkeit zu bekommen. Wenn Ihr Kind vorzeitig aus der Auszeit kommt, können Sie die Tür schließen oder es einfach immer wieder zurückschicken. Wenn Ihr Kind sich für die festgelegte Zeit ruhig verhalten hat, lassen Sie es aus der Auszeit kommen. Bei der Auszeit sind kurze Zeitspannen wirkungsvoller als längere. Zweijährige Kinder sollten sich in der Auszeit eine Minute lang ruhig verhalten, drei- bis fünfjährige zwei Minuten und fünf- bis zehnjährige Kinder maximal fünf Minuten.

Es ist wichtig, dass Ihr Kind weiß, was die Auszeit bedeutet, bevor Sie sie zum ersten Mal anwenden. Setzen Sie sich in einer ruhigen Minute mit Ihrem Kind zusammen, erklären Sie ihm, wann Sie die Auszeit einsetzen werden und wie die einzelnen Schritte aussehen. Erklären Sie ihm auch die Regeln der Auszeit. Vergewissern Sie sich, dass Ihr Kind verstanden hat, dass es sich eine festgelegte Zeit ruhig verhalten muss, bevor es aus der Auszeit kommen darf.

Das Vorgehen bei der Auszeit ist ähnlich wie bei der ruhigen Zeit. Halten Sie sich an diese Schritte, wenn ein schwerwiegendes herausforderndes Verhalten auftritt:

Sagen Sie Ihrem Kind, was es tun soll

Reagieren Sie sofort, wenn Sie sehen, dass ein herausforderndes Verhalten auftritt. Gehen Sie in die Nähe Ihres Kindes, versuchen Sie, seine Aufmerksamkeit zu erlangen, und sagen Sie ihm dann, womit es aufhören, und was es stattdessen tun soll: *Lukas, hör auf, deinen Bruder zu schlagen. Behalte deine Hände bei dir und sag mit ruhiger Stimme, was du von ihm möchtest!* Loben Sie Ihr Kind, wenn es tut, wozu Sie es aufgefordert haben.

Untermauern Sie Ihre Anweisung mit der Auszeit

Wenn Ihr Kind nicht innerhalb von 5 Sekunden mit dem herausforderndem Verhalten aufhört, sagen Sie Ihrem Kind, was es falsch gemacht hat: *Du hast nicht aufgehört, zu treten* und die Konsequenz: *Nun hast du für zwei Minuten eine Auszeit.* Bleiben Sie ruhig, aber bestimmt. Ignorieren Sie jeglichen Protest und streiten Sie nicht mit Ihrem Kind. Wenn Ihr Kind sich weigert, bringen Sie es in die Auszeit (z.B. indem Sie es tragen).

Erinnern Sie Ihr Kind an die Regeln der Auszeit

Während Sie Ihr Kind in die Auszeit bringen, erinnern Sie es daran, dass es die festgelegte Zeit ruhig bleiben muss, bevor es zurückkommen kann.

Ignorieren Sie herausforderndes Verhalten während der Auszeit

Ignorieren Sie jegliches herausforderndes Verhalten, während Ihr Kind in der Auszeit ist. Es kann sein, dass es sich weiter aggressiv verhält, z.B. indem es tritt oder schreit. Wenn Sie diesem Verhalten Beachtung schenken, wird die Auszeit nicht funktionieren. Ihr Kind wird sich wahrscheinlich das nächste Mal wieder so verhalten und nicht lernen, sich zu beruhigen. Seien Sie also darauf vorbereitet, die Auszeit trotz des herausfordernden Verhaltens fortzusetzen und sich an die Regeln der Auszeit zu halten. Sprechen Sie während der Auszeit nicht mit Ihrem Kind und schenken Sie ihm keinerlei Aufmerksamkeit. Warten Sie einfach, bis es sich beruhigt hat und für die festgelegte Zeit ruhig geblieben ist. Danach können Sie ihm sagen, dass es aus der Auszeit kommen darf.

Nach der Auszeit

Sprechen Sie den Vorfall nach der Auszeit nicht mehr an. Helfen Sie Ihrem Kind, eine Beschäftigung zu finden. Achten Sie auf angemessenes Verhalten und loben Sie Ihr Kind so bald wie möglich. Wenn sich das herausfordernde Verhalten wiederholt, wiederholen Sie die Schritte der Auszeit.

Führen Sie Buch über die Auszeit

Wenn Sie beginnen, die Auszeit zu nutzen, ist es wichtig, zu beobachten, welche Veränderungen sich ergeben. Notieren Sie jedes Mal, wenn Sie die Auszeit angewendet haben, wie lange Ihr Kind gebraucht hat, um sich zu beruhigen (siehe Auszeit-Beobachtungsbogen am Ende dieses Kapitels). Sobald Ihr Kind den Ablauf der Auszeit verinnerlicht hat, sollte es sich schneller beruhigen und Sie sollten die Auszeit seltener anwenden müssen. Wenn während der Auszeit Probleme auftauchen oder wenn sich nach zwei Wochen noch keine Verbesserung abzeichnet, suchen Sie sich professionelle Unterstützung bei jemandem, der Ihnen bei der Lösung des Problems helfen kann (z.B. einem Triple P-Trainer).

Häufige Probleme in Zusammenhang mit der Auszeit

Eltern, die schon einmal eine Auszeit angewendet haben, mussten vielleicht feststellen, dass sie aus einem der folgenden Gründe nicht funktioniert hat:

- *Das Kind darf selbst entscheiden, wann es aus der Auszeit zurückkommt.* Zum Beispiel sagen die Eltern *Philip, wirf nicht mit deinem Spielzeug. Geh in dein Zimmer und komm erst wieder, wenn du bereit bist, richtig mit deinem Spielzeug zu spielen.* Dann kann es passieren, dass das Kind in sein Zimmer geht und sofort wieder herauskommt.
- *Die Auszeit wird nicht konsistent angewendet.* Die Auszeit ist am wirkungsvollsten, wenn Eltern sie jedes Mal anwenden, wenn ein bestimmtes herausforderndes Verhalten auftritt, anstatt nur mit ihr zu drohen oder sie nur ab und zu durchzuführen.
- *Die Auszeit wird beendet, obwohl sich das Kind noch nicht beruhigt hat.* Dies ist ein Problem, weil das Kind dadurch lernt, dass es nur laut und lange genug schreien muss, um aus der Auszeit kommen zu dürfen. Die Auszeit sollte erst dann beendet werden, wenn das Kind für die vereinbarte Zeit ruhig geblieben ist. Sie sollte auf keinen Fall beendet werden, wenn es lediglich verspricht, nun ruhig zu sein oder wenn es eine bestimmte Zeit im Auszeit-Raum war, ohne sich dabei zu beruhigen. Die festgelegte Zeit beginnt erst, wenn aller Krach und Protest aufhört, und sie endet, wenn das Kind sich währenddessen ruhig verhalten hat.
- *Das Miteinander und andere Aktivitäten sind für das Kind nicht ausreichend lohnenswert.* Die Auszeit funktioniert nur, wenn Kinder lieber etwas anderes tun würden, als in der Auszeit zu sein. Die Beschäftigungsmöglichkeiten und das Miteinander in der Familie müssen für das Kind also angenehm, belohnend und erstrebenswert sein, damit Sie mit der Auszeit etwas erreichen können.
- *Die Auszeit wird nicht entschieden genug durchgeführt.* Wenn sich z.B. ein Kind weigert, in die Auszeit zu gehen und seine Eltern unentschlossen sind, ob sie ihr Kind in den Auszeit-Raum tragen sollen oder es überzeugen sollen, selbst zu gehen, dann bekommt das Kind eine Menge Aufmerksamkeit für sein herausforderndes Verhalten. Eltern sollten sofort und entschieden handeln, und sich nicht in eine Auseinandersetzung verwickeln lassen. Bei den ersten paar Malen kann dies bedeuten, dass Sie Ihr Kind immer wieder in den Auszeit- Raum

zurückbringen müssen. Eine andere Möglichkeit besteht darin, den Raum, in dem sich Ihr Kind befindet, (falls geeignet) zum Auszeit-Raum zu erklären und selbst hinauszugehen.

Woche 3

Übung 7 Den Einsatz der Auszeit vorbereiten

Welcher Raum oder Platz in Ihrem Zuhause eignet sich gut für die Auszeit?

....

Was erklären Sie Ihrem Kind, wenn Sie die Auszeit mit ihm vorbesprechen?

....

....

....

Was sagen Sie zu Ihrem Kind, wenn Sie es in die Auszeit bringen?

....

....

....

Wie lange soll Ihr Kind sich in der Auszeit ruhig verhalten?

....

....

Wann schenken Sie Ihrem Kind wieder Aufmerksamkeit und sprechen wieder mit ihm?

....

....

Was sagen Sie zu Ihrem Kind, wenn die Auszeit vorüber ist?

....

....

....

Was können Sie tun, wenn Ihr Kind sich nach der Auszeit weigert, den Auszeit-Raum zu verlassen?

....

....

....

Was können Sie tun, wenn Ihr Kind im Auszeit-Raum große Unordnung gemacht hat?

....

....

....

Was können Sie tun, wenn Ihr Kind aus der Auszeit kommt, bevor sie vorüber ist?

....

....

....

Was könnte passieren, wenn Sie Ihrem Kind mit der Auszeit drohen?

....

....

....

Was könnte passieren, wenn Sie Ihrem Kind erlauben, den Auszeit-Raum zu verlassen, ohne dass es sich beruhigt hat?

....

....

....

Woche 3

Häufige Fragen zur Auszeit

- *Was kann ich tun, wenn mein Kind nicht aufhören will zu schreien?* Ignorieren Sie jeglichen Protest wie Treten, Trampeln, Schreien oder gegen die Wand klopfen. Dazu ist es vielleicht hilfreich, sich so weit wie möglich zu entfernen, dabei aber noch in Hörweite zu bleiben (z.B. in den Garten zu gehen). Alternativ können Sie den Fernseher oder die Stereoanlage lauter stellen oder staubsaugen, um Ihrem Kind zu signalisieren, dass Sie ihm nicht zuhören. Ihr Kind darf die Auszeit erst verlassen, wenn es für die festgelegte Zeit ruhig gewesen ist.
- *Was kann ich tun, wenn mein Kind mich ruft, weil es etwas möchte?* Ignorieren Sie jegliche Wünsche nach Essen, Trinken oder Aufmerksamkeit, wie z.B. *Wie lange noch, Mami?, Ich verspreche, dass ich wieder lieb bin, Ich habe Durst, Ich möchte etwas trinken.* Gehen Sie auf diese Fragen nicht ein. Wenn Ihr Kind auf die Toilette muss, lassen Sie es aus der Auszeit kommen (reden Sie dabei aber nicht mit ihm), auf die Toilette gehen und bringen Sie es in die Auszeit zurück, sobald es fertig ist.
- *Was kann ich tun, wenn mein Kind sagt, dass es gerne in die Auszeit geht und dass sie ihm nichts ausmacht?* Glauben Sie ihm nicht. Das kann ein Trick sein, mit dem Ihr Kind versucht, die Auszeit zu umgehen. Ignorieren Sie solche Kommentare, antworten Sie nicht darauf und bringen Sie Ihr Kind direkt in die Auszeit. In ein paar Tagen wird Ihr Kind sicher sagen, dass es nicht mehr in die Auszeit gehen möchte.
- *Was kann ich tun, wenn mein Kind wegläuft, wenn ich es in die Auszeit schicken möchte?* Versuchen Sie, dieses Problem von vornherein zu vermeiden, indem Sie möglichst nah an Ihr Kind herangehen, bevor Sie eine Anweisung geben. Wenn Ihr Kind jedoch tatsächlich wegläuft, lassen Sie es (sofern es sicher ist) und laufen Sie ihm nicht hinterher. Ihr Kind könnte dies als Spiel auffassen. Sobald Ihr Kind wieder in Ihrer Nähe ist, nehmen Sie es an der Hand und bringen es in die Auszeit. So lernt Ihr Kind, dass es die Auszeit durch sein Weglaufen nicht vermeiden kann, und hört auf, es zu versuchen.
- *Was kann ich tun, wenn mein Kind sich entschuldigt oder verspricht, sich zu benehmen, wenn ich sage, dass es in die Auszeit gehen muss?* Ihr Kind soll lernen, auf Aufforderungen zu reagieren und nicht erst auf die Androhung der Auszeit. Setzen Sie daher sofort eine Konsequenz ein, wenn es nicht tut, wozu Sie es aufgefordert haben. Bringen Sie es direkt in die Auszeit. Wenn Sie nachgeben und Ihr Kind nicht in die Auszeit schicken, wird es lernen, dass es nur versprechen muss, sich zu benehmen, um der Auszeit zu entgehen.
- *Was kann ich tun, wenn ich vergesse, dass mein Kind in der Auszeit ist, und es ruft, um mir zu sagen, dass es ruhig gewesen ist?* Versuchen Sie, dies zu vermeiden, indem Sie möglichst genau aufpassen, ob und wie lange Ihr Kind sich ruhig verhält. Wenn Sie die Zeit dennoch aus den Augen verlieren und Ihr Kind ruft, beenden Sie die Auszeit nicht direkt. Warten Sie noch eine Minute und lassen Sie es dann aus der Auszeit kommen. Wenn Sie die Auszeit sofort beenden, könnte es sein, dass Ihr Kind denkt, es dürfe herauskommen, wenn es ruft, statt sich ruhig zu verhalten.
- *Was kann ich tun, wenn mein Kind große Unordnung im Auszeit-Raum anrichtet?* Wählen Sie den Auszeit-Raum mit Bedacht aus, um diesem Problem vorzubeugen. Am besten eignen sich Räume, in denen es schwierig ist, Unordnung zu machen (z.B. ein kindersicheres Badezimmer, in dem maximal die Handtücher vom Halter gezogen werden können). Wenn Ihr Kind im Auszeit-Raum etwas durcheinanderbringt, warten Sie, bis es die festgelegte Zeit ruhig gewesen ist, und

sagen Sie ihm dann, dass es die Auszeit verlassen kann, sobald es aufgeräumt hat (logische Konsequenz). Denken Sie daran, realistische, altersangemessene Erwartungen an Ihr Kind zu stellen und helfen Sie ihm gegebenenfalls.

- *Was kann ich tun, wenn mein Kind während der Auszeit etwas kaputt macht?* Es kommt sicher nicht erst in der Auszeit dazu, dass Ihr Kind sich aggressiv verhält oder etwas kaputt macht. Vermutlich kennen Sie solches Verhalten von ihm schon aus dem Vorfeld. Wenn Ihr Kind dazu neigt, Dinge kaputt zu machen, müssen Sie den Auszeit-Raum ganz besonders sorgfältig vorbereiten, sodass Ihr Kind möglichst wenig kaputtmachen kann. Sollte Ihr Kind trotz Ihrer Vorkehrungen etwas beschädigen, setzen Sie eine logische Konsequenz ein. Ihr Kind kann z.B. dabei mithelfen, den Schaden zu reparieren, oder auch einen vertretbaren Anteil seines Taschengeldes dafür aufwenden. Denken Sie daran, dass es jederzeit möglich ist, einen materiellen Schaden zu reparieren. Im Gegensatz dazu haben viele Kinder, die schlecht mit Ärger und Frustration umgehen können, dieselben Probleme auch noch als Erwachsene, wenn ihre Eltern nichts dagegen unternehmen.

Erziehungsroutinen entwickeln

Start-Routine

Das Flussdiagramm auf der nächsten Seite zeigt, wie man einige der vorgestellten Erziehungsfertigkeiten zu so genannten Erziehungsroutinen zusammenfassen kann. Die dort gezeigte Beispiel für die Start-Routine können Sie anwenden, wenn Sie möchten, dass Ihr Kind mit einer neuen Tätigkeit beginnt (z.B. sich für‘s Bett, das Abendessen oder die Schule fertig machen). Diese Routine hilft Ihnen, eine Eskalationsfalle, wie sie im ersten Kapitel beschrieben wurde, zu vermeiden. Außerdem ist es leichter für Sie, ruhig zu bleiben, wenn Sie sich an die einzelnen Schritte halten, und Ihr Kind hat weniger Zeit, sein herausforderndes Verhalten zu steigern.

Beispiel für die Start-Routine

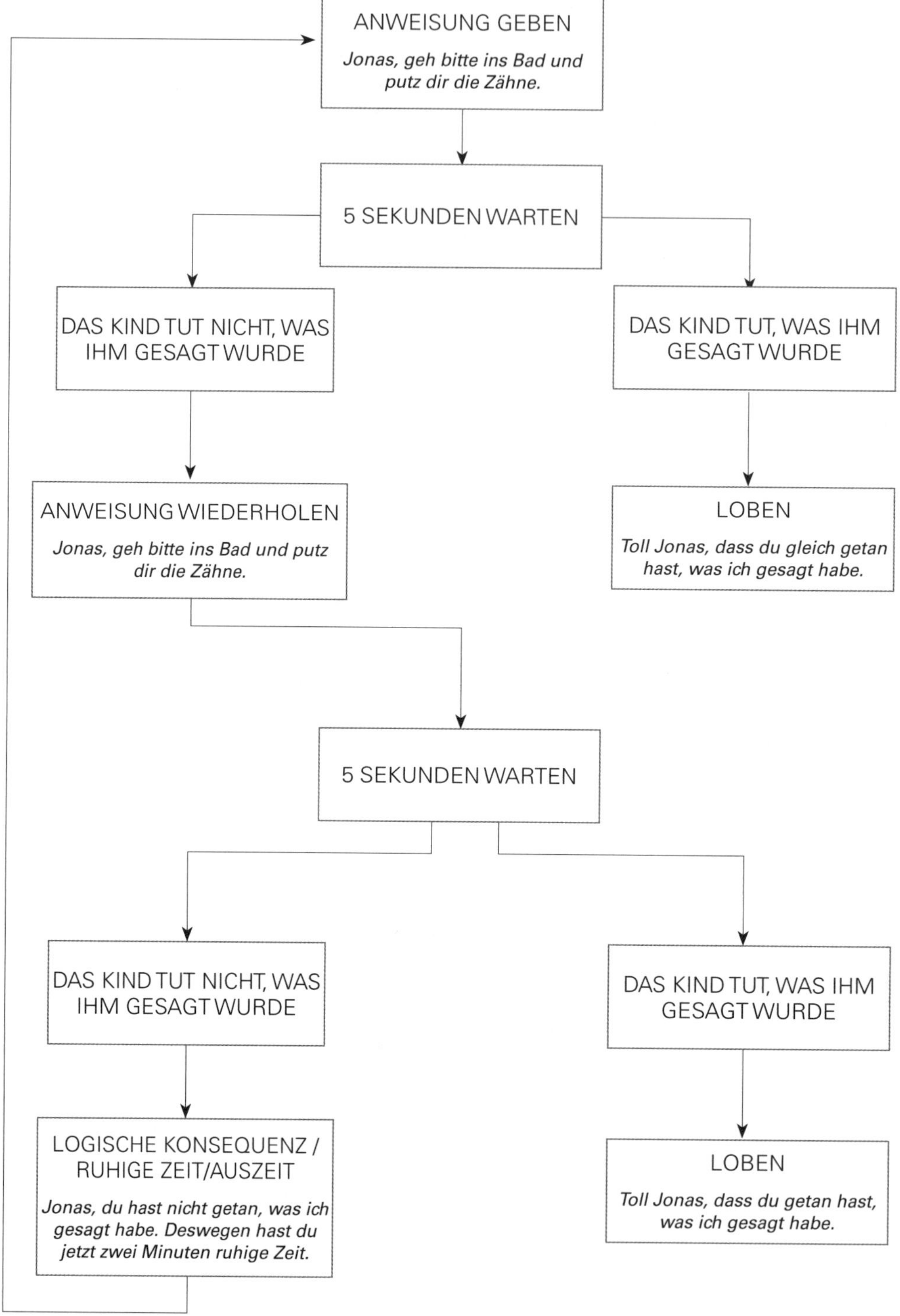

Die wichtigsten Punkte zur Erinnerung

- Formulieren Sie Ihre Anweisungen klar und eindeutig – sagen Sie Ihrem Kind genau, was es tun soll. Stellen Sie keine Fragen (z.B. *Würdest du bitte ... ?*) und geben Sie keine ungenauen Anweisungen (z.B. *Lass das!*).
- Nach Ihrer Anweisung warten Sie ca. fünf Sekunden, damit Ihr Kind Zeit hat, zu tun, was Sie ihm gesagt haben. Versuchen Sie während dieser Zeit nicht mit Ihrem Kind zu sprechen und benutzen Sie absichtliches Ignorieren, wenn es während dieser fünf Sekunden versucht, mit Ihnen zu reden. Diskutieren und streiten Sie nicht mit Ihrem Kind - bleiben Sie einfach ruhig und warten Sie.
- Vermeiden Sie ein allgemein formuliertes Lob, wenn Ihr Kind getan hat, worum Sie es gebeten haben (z.B. *Toll* oder *Danke*). Sagen Sie Ihrem Kind lieber konkret, was Ihnen gut gefallen hat (z.B. *Toll, dass du gleich angefangen hast, aufzuräumen!*).
- Versuchen Sie, ruhig zu bleiben, wenn Sie Ihre Anweisung wiederholen müssen. Nutzen Sie die gleiche Formulierung, werden Sie nicht lauter oder wütend.
- Wenn Sie Ihrem Kind gesagt haben, dass es nun ruhige Zeit hat, bleiben Sie bei Ihrer Entscheidung und setzen Sie die Konsequenz um. Dadurch lernt Ihr Kind, Ihren Anweisungen nachzukommen, statt bis zur Androhung einer logischen Konsequenz, ruhigen Zeit oder Auszeit zu warten.
- Wenn Ihr Kind die ruhige Zeit oder Auszeit nicht durchführen möchte, wenn Sie es ihm sagen, führen Sie es an den Schultern, bis es von allein in die ruhige Zeit oder Auszeit geht. Kleine Kinder können Sie auch tragen, wenn es nötig ist.
- Wenn Sie die ruhige Zeit beginnen, erinnern Sie Ihr Kind an die Regeln (z.B. *Du musst dich hier nun zwei Minuten lang ruhig verhalten*). Erinnern Sie es auch dann an die Regeln, wenn es aufgebracht ist.
- Wenn Ihr Kind sich nicht an die Regeln für die ruhige Zeit hält, führen Sie eine Auszeit durch: *Nils, du warst in der ruhigen Zeit nicht ruhig. Deswegen gehst du jetzt für zwei Minuten in die Auszeit.* Ignorieren Sie jeglichen Protest und tragen Sie Ihr Kind in die Auszeit, falls dies nötig ist.
- Wiederholen Sie Ihre ursprüngliche Aufforderung nach der logischen Konsequenz oder nachdem Ihr Kind sich in der ruhigen Zeit oder in der Auszeit für die festgelegte Zeit ruhig verhalten hat (z.B. *Danke, dass du dich in der Auszeit ruhig verhalten hast. Okay, geh jetzt ins Bad und wasch dir die Hände.*).
- Wiederholen Sie die Start-Routine, bis Ihr Kind tut, wozu Sie es aufgefordert haben.

Übung 8 Anwenden der Start-Routine

Üben Sie diese Routine mit einem anderen Erwachsenen im Rollenspiel, bevor Sie sie bei Ihrem Kind ausprobieren. Diese Übung wird Ihnen dabei helfen, herauszufinden, ob Sie sich beim Anwenden der Start-Routine wohlfühlen. Außerdem gibt Sie Ihnen Gelegenheit, in Ruhe konkrete Formulierungen auszuprobieren, die Sie in der jeweiligen Situation nutzen können.

Als erstes brauchen Sie für diese Übung einen anderen Erwachsenen, der Ihr Kind spielt. Alternativ können Sie einen Teddy oder eine Puppe verwenden. Gehen Sie die einzelnen Schritte der Routine durch, als ob Sie mit Ihrem Kind sprechen würden. Sie können sich dabei die folgende Szene vorstellen: Ihr Kind spielt mit seinen Spielsachen und Sie haben es bereits um 18:50 Uhr und um 18:55 Uhr darauf hingewiesen, dass es um 19:00 Uhr Zeit ist, ins Bad zu gehen. Jetzt ist es 19:00 Uhr und Sie fordern Ihr Kind auf, ins Bad zu gehen. Im ersten Teil der Übung sollen Sie sich vorstellen, dass Ihr Kind tut, worum Sie es gebeten haben, und es dafür loben. Üben Sie anschließend eine Situation, in der Ihr Kind Ihre Aufforderung nicht beachtet und einfach weiterspielt. Schicken Sie Ihr Kind dann nach der zweiten Anweisung in die ruhige Zeit und, falls nötig, in die Auszeit.

Hier ist Platz für Ihre persönlichen Notizen zur Start-Routine.

....

....

....

....

....

Stopp-Routine

Wenn Sie möchten, dass Ihr Kind mit etwas aufhört, kann die Stopp-Routine hilfreich sein. In diesem Fall geben Sie Ihrem Kind nur eine Anweisung und wiederholen diese nicht. Auf der nächsten Seite finden Sie Beispiele für die Stopp-Routine zum Umgang mit Streiten oder Nicht-teilen-wollen, Wutanfällen, Quengeln oder Jammern und ständigem Stören. Achten Sie auf die Gemeinsamkeiten der Stopp-Routine für diese vier Situationen.

Beispiel für die Stopp-Routine

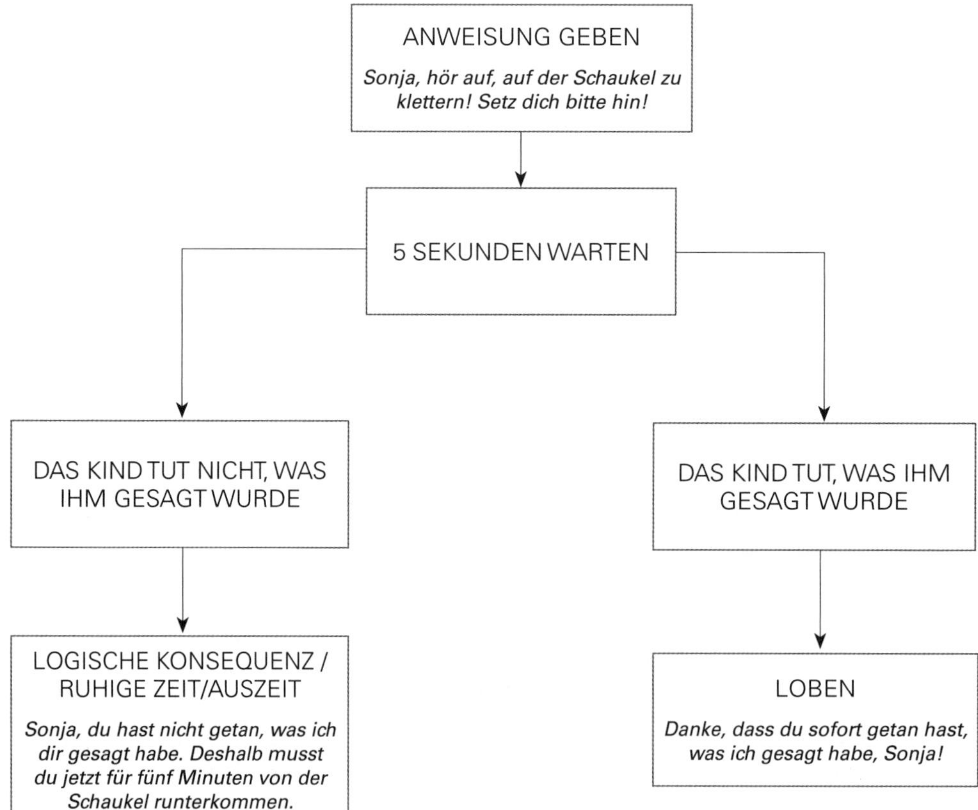

Beispiele für die Stopp-Routine

STREITEN ODER NICHT TEILEN WOLLEN	WUTANFÄLLE	QUENGELN ODER JAMMERN	HÄUFIGES UNTERBRECHEN ODER STÖREN
Gewinnen Sie die Aufmerksamkeit Ihres Kindes. Sagen Sie ihm, womit es aufhören und was es stattdessen tun soll - *Hört auf zu streiten. Wechselt euch bitte beim Spielen ab.*	Gewinnen Sie die Aufmerksamkeit Ihres Kindes. Sagen Sie ihm, womit es aufhören und was es stattdessen tun soll – *Hör bitte auf zu schreien und sprich mit ruhiger Stimme.*	Gewinnen Sie die Aufmerksamkeit Ihres Kindes. Sagen Sie ihm, womit es aufhören und was es stattdessen tun soll - *Hör auf zu quengeln. Sag mit normaler Stimme, was du möchtest.*	Gewinnen Sie die Aufmerksamkeit Ihres Kindes. Sagen Sie ihm, womit es aufhören und was es stattdessen tun soll - *Unterbrich mich jetzt nicht. Warte, bis ich fertig bin und frag dann noch mal.*
Loben Sie Ihr Kind, wenn es tut, wozu Sie es aufgefordert haben.	Loben Sie Ihr Kind, wenn es tut, wozu Sie es aufgefordert haben.	Loben Sie Ihr Kind, wenn es tut, wozu Sie es aufgefordert haben.	Wenn Ihr Kind wartet, bis Sie fertig sind oder eine Pause machen, loben Sie es für das Warten und schenken Sie ihm dann Aufmerksamkeit.
Wenn Ihr Kind nicht tut, wozu Sie es aufgefordert haben, sagen Sie ihm, was es falsch gemacht hat und welche Konsequenz das hat - *Ihr habt euch nicht abgewechselt, deshalb nehme ich das Spiel für zwei Minuten weg.* Diskutieren Sie nicht.	Wenn Ihr Kind nicht tut, wozu Sie es aufgefordert haben, sagen Sie ihm, was es falsch gemacht hat und welche Konsequenz das hat - *Du hast nicht getan, was ich gesagt habe. Deshalb gehst du jetzt für eine Minute in die Auszeit.* Diskutieren Sie nicht und bringen Sie Ihr Kind direkt in die Auszeit.	Wenn Ihr Kind nicht tut, wozu Sie es aufgefordert haben, sagen Sie ihm, was es falsch gemacht hat und welche Konsequenz das hat - *Du hast nicht aufgehört zu quengeln. Deshalb lege ich das Eis jetzt für zwei Minuten weg. Frag dann noch mal.* Diskutieren Sie nicht.	Wenn Ihr Kind nicht tut, wozu Sie es aufgefordert haben, sagen Sie ihm, was es falsch gemacht hat und welche Konsequenz das hat - *Du unterbrichst mich weiterhin. Deshalb hast du jetzt für zwei Minuten ruhige Zeit.* Diskutieren Sie nicht.
Ignorieren Sie Ihr Kind absichtlich, wenn es Ihnen widerspricht oder sich darüber beschwert.		Ignorieren Sie Ihr Kind absichtlich, wenn es Ihnen widerspricht oder sich darüber beschwert.	Wenn Ihr Kind während der ruhigen Zeit nicht ruhig ist, sagen Sie ihm, was es falsch gemacht hat und welche Konsequenz das hat - *Du verhältst dich nicht ruhig in der ruhigen Zeit. Geh jetzt für zwei Minuten in die Auszeit.* Diskutieren Sie nicht und bringen Sie Ihr Kind direkt in die Auszeit.
Geben Sie das Spielzeug zurück bzw. ermöglichen Sie die Beschäftigung erneut, wenn die vereinbarte Zeit vorbei ist. Loben Sie die Kinder, wenn sie sich einigen oder abwechseln und unterstützen Sie sie gegebenenfalls dabei. Wenn das Problem erneut auftritt, wiederholen Sie die Konsequenz für eine längere Zeitspanne oder setzen Sie die ruhige Zeit ein.	Beenden Sie die Auszeit, wenn Ihr Kind die vereinbarte Zeit ruhig war. Unterstützen Sie es dabei, sich zu beschäftigen oder angemessen zu verhalten. Loben Sie Ihr Kind, sobald es sich angemessen verhält.	Wenn die Zeit um ist und Ihr Kind aufgehört hat zu quengeln, loben Sie es für das Ruhigsein und geben Sie ihm Gelegenheit zu sagen, was es möchte. Wenn es dies angemessen tut, loben Sie es und erfüllen Sie ihm wenn möglich seinen Wunsch. Wenn das Problem erneut auftritt, wiederholen Sie die Konsequenz für eine längere Zeitspanne oder setzen Sie die ruhige Zeit ein.	Beenden Sie die ruhige Zeit bzw. Auszeit, wenn Ihr Kind die vereinbarte Zeit ruhig war. Unterstützen Sie es dabei, sich zu beschäftigen oder angemessen zu verhalten. Loben Sie Ihr Kind, sobald es sich angemessen verhält.

Übung 9 Anwenden der Stopp-Routine

Denken Sie an ein problematisches Verhalten Ihres Kindes. Schreiben Sie zu jedem Schritt der Stopp-Routine auf, was Sie sagen oder tun würden.

Herausforderndes Verhalten:

....

....

1. Gewinnen Sie die Aufmerksamkeit Ihres Kindes und sagen Sie ihm genau, womit es aufhören und was es stattdessen tun soll.

....

....

2. Loben Sie Ihr Kind, wenn es tut, wozu Sie es aufgefordert haben.

....

....

3. Wenn Ihr Kind nicht tut, wozu Sie es aufgefordert haben, sagen Sie ihm, was es falsch gemacht hat und welche Konsequenz das hat. Setzen Sie diese Konsequenz durch.

....

....

4. Ignorieren Sie jegliche Beschwerden. Untermauern Sie die Konsequenz gegebenenfalls mit einer weiteren Konsequenz (Logische Konsequenz → ruhige Zeit → Auszeit)

....

....

5. Helfen Sie Ihrem Kind, wenn die Konsequenz vorüber ist, eine Beschäftigung zu finden. Loben Sie es, sobald es sich angemessen verhält.

....

....

Die Punktekarte fertigstellen

In dieser Woche haben Sie verschiedene Erziehungsfertigkeiten kennengelernt, mit denen Sie Ihren Kindern Orientierung geben, Konflikten vorbeugen und in herausfordernden Situationen ruhig und konsequent handeln können. Denken Sie nun noch mal an die Punktekarte zurück, die Sie in der zweiten Woche vorbereitet haben. Der letzte Schritt vor dem Einsatz der Punktekarte besteht nun darin, dass Sie sich entscheiden, welche Konsequenzen Sie einsetzen, wenn Ihr Kind sich nicht wie vereinbart verhält oder wenn es sich daneben benimmt.

■ Übung 10 Konsequenzen für die Punktekarte

Was können Sie tun, wenn Ihr Kind sich nicht wie vereinbart verhält?

....

....

....

....

Was können Sie tun, wenn Ihr Kind sich statt dessen schlecht benimmt (z.B. herumschreit oder aggressiv wird)?

....

....

....

....

Zusammenfassung

In diesem Kapitel wurden Ihnen sieben positive Erziehungsfertigkeiten vorgestellt, die Ihnen helfen können, Kindern Orientierung zu geben und in herausfordernden Situationen ruhig und konsequent zu reagieren:

- Klare Familienregeln aufstellen
- Direktes Ansprechen nutzen, wenn Ihr Kind gegen eine Regel verstößt
- Absichtliches Ignorieren bei geringfügigem unerwünschtem Verhalten verwenden
- Klare, ruhige Anweisungen geben
- Logische Konsequenzen einsetzen, wenn Anweisungen nicht befolgt werden
- Die ruhige Zeit bei herausforderndem Verhalten einsetzen
- Die Auszeit bei schwerwiegenderem herausforderndem Verhalten einsetzen

Sie haben außerdem die Start- und die Stopp-Routine kennengelernt, in denen jeweils einige der genannten Erziehungsfertigkeiten zusammengefasst werden. Zudem hatten Sie Gelegenheit, die Vorbereitungen für den Einsatz der Punktekarte abzuschließen.

Aufgaben

- Besprechen Sie in Ihrer Familie vier oder fünf Familienregeln, die Sie einführen möchten.
- Wählen Sie einige Erziehungsfertigkeiten aus, die Sie ausprobieren möchten. Falls Sie die Auszeit anwenden möchten, sollten Sie im Blick behalten, wie es klappt. Benutzen Sie dazu den Auszeit-Beobachtungsbogen auf der nächsten Seite. Eine Kopiervorlage finden Sie außerdem im Abschnitt „Arbeitsblätter". Bevor Sie neue Erziehungsfertigkeiten einsetzen, sollten Sie diese in Ruhe mit Ihrem Kind vorbesprechen. Beginnen Sie mit dem Einsatz von neuen Erziehungsfertigkeiten möglichst an einem Tag, an dem Sie zu Hause bleiben können und nicht unter Zeitdruck stehen oder andere Aufgaben zu erledigen haben. Notieren Sie hier die Erziehungsfertigkeiten, die Sie in der nächsten Woche ausprobieren möchten:

  ....

  ....

  ....

  ....

- Setzen Sie die Punktekarte ein, die Sie in der zweiten Woche entworfen haben. Wenden Sie dabei gegebenenfalls die Konsequenzen an, die Sie gerade ausgewählt haben.
- Es ist hilfreich, die Verhaltensbeobachtung, die Sie in der ersten Woche begonnen haben, fortzuführen. Sie können die Ergebnisse aus den Beobachtungsbögen auch in eine Verhaltenskurve eintragen. So können Sie leichter sehen, was sich nach dem Einsatz der Erziehungsfertigkeiten aus der zweiten und dritten Woche verändert.

Themen der nächsten Woche

In der vierten Woche führen Sie eine praktische Übung durch, in der Sie einige der Erziehungsfertigkeiten, die in der zweiten und dritten Woche vorgestellt wurden, nutzen können. Sie werden angeleitet, sich dabei selbst zu beobachten und zu reflektieren. So können Sie Ihre Stärken und Bereiche für Verbesserungen herausfinden und sich Ziele für Veränderungen setzen.

Auszeit-Beobachtungsbogen

Anleitung: Notieren Sie den Tag, das herausfordernde Verhalten, wann und wo es aufgetreten ist und die Dauer, für die Ihr Kind im Auszeit-Raum war.

Festgelegte Zeit für die Auszeit: 2 Min. ☐ 3 Min. ☐ 4 Min. ☐ 5 Min. ☐

TAG	HERAUSFORDERNDES VERHALTEN	WANN UND WO TRAT ES AUF	DAUER, FÜR DIE DAS KIND IM AUSZEIT-RAUM WAR

Woche 4

Erziehungsfertigkeiten einsetzen 1

Überblick

In den kommenden drei Wochen haben Sie Gelegenheit, die Erziehungsfertigkeiten, die in der zweiten und dritten Woche eingeführt wurden, zu üben. Sie überlegen jede Woche, wann Sie sich etwa 20 Minuten Zeit dafür nehmen können. Setzen Sie sich für jede praktische Übung klare Ziele. Vielleicht finden Sie es hilfreich, die Umsetzung der Erziehungsfertigkeiten mithilfe der beiliegenden Checklisten zu dokumentieren. Außerdem finden Sie Richtlinien, die Ihnen helfen, Ihr Verhalten zu reflektieren. Dabei überlegen Sie sich als erstes zwei Dinge, die Sie während der praktischen Übung gut gemacht haben, und anschließend ein oder zwei Dinge, die Sie schwierig fanden oder gern anders machen würden. Die Dinge, die Sie verändern möchten, sind dann Ihre Ziele für den Rest dieser Woche und für die praktische Übung in der fünften Woche.

Am Ende der vierten Woche sollten Sie in der Lage sein:

- positive Erziehungsfertigkeiten anzuwenden,
- die eigene Umsetzung der Erziehungsfertigkeiten im Blick zu behalten und zu reflektieren,
- Ihre Stärken und Verbesserungsbereiche bei der Umsetzung zu erkennen und
- sich konkrete Ziele für weitere praktische Übungen zu setzen.

Erste Schritte

Überlegen Sie, wann Sie ungefähr 20 Minuten Zeit haben, um eine praktische Übung durchzuführen. Sie sollten sich während dieser Zeit ungestört mit Ihrem Kind im gleichen Raum aufhalten können. Setzen Sie sich ein paar Ziele, die Sie in der Übung erreichen möchten. Nehmen Sie sich vor, einige der Erziehungsfertigkeiten aus der zweiten und dritten Woche auszuprobieren. Denken Sie daran, Ihre Ziele so konkret wie möglich zu formulieren (z.B. *Ich werde etwa alle fünf Minuten beschreibend loben und mindestens zweimal beiläufiges Lernen anwenden, um selbstständiges Spielen zu fördern* oder *Ich werde vier klare, ruhige Anweisungen geben und Konsequenzen einsetzen, falls es nötig ist – Lob, wenn Jan einer Aufforderung nachkommt, und logische Konsequenzen, ruhige Zeit und Auszeit, wenn Jan nicht tut, was ich ihm gesagt habe.*).

Lassen Sie Geräte wie Fernseher, Smartphone oder Tablet während der praktischen Übung ausgeschaltet und führen Sie keine Telefongespräche. So haben Sie mehr Zeit, sich mit Ihrem Kind zu befassen. Falls Sie einen wichtigen Anruf erhalten, gehen Sie dran und versuchen Sie, das Gespräch so kurz wie möglich zu halten. Sie können Ihrem Kind in einem solchen Fall mit Hilfe der positiven Erziehungsfertigkeiten beibringen, ruhig weiterzuspielen, während Sie telefonieren.

Übung 1 Zeitpunkt und Ziele für eine praktische Übung

Wählen Sie einen Zeitpunkt aus, an dem Sie 20 Minuten Zeit für eine praktische Übung haben.

Tag .... Datum .... Uhrzeit ....

Notieren Sie hier Ihre Ziele für die erste praktische Übung:

....

....

....

....

Eine praktische Übung entwerfen

Überlegen Sie, wie Sie Ihre praktische Übung so planen können, dass Sie Ihre Ziele auch erreichen. Wenn Sie sich zum Beispiel vorgenommen haben, Ihr Kind beim selbstständigen Spielen mit beschreibendem Lob und beiläufigem Lernen zu unterstützen, dann sollten Sie die Übung so gestalten, dass Sie sich erst eine gewisse Zeit mit Ihrem Kind beschäftigen und es dann allein spielen lassen und sich einer eigenen Beschäftigung zuwenden. So haben Sie die Gelegenheit, Ihr Kind zu loben, wenn es alleine spielt. Wenn Ihr Ziel ist, klare, ruhige Anweisungen zu geben, sollten Sie sich mögliche Formulierungen für die Anweisungen überlegen, bevor Sie mit der Übung beginnen. Sie könnten zum Beispiel einige Zeit mit Ihrem Kind spielen und es dann auffordern, sich die Hände zu waschen oder aufzuräumen (z.B. vor einer Mahlzeit, oder wenn Sie möchten, dass es danach mit einer neuen Tätigkeit beginnt). Auf diese Weise können Sie üben, Anweisungen zu geben und Konsequenzen folgen zu lassen, wenn Ihr Kind ihnen nicht nachkommt. Denken Sie daran, Ihr Kind zu loben, wenn es tut, worum Sie es gebeten haben, und andernfalls eine logische Konsequenz, die ruhige Zeit oder die Auszeit einzusetzen.

Übung 2 Eine praktische Übung planen

Notieren Sie, wie Sie die 20 Minuten der praktischen Übung gestalten möchten (z.B. *Ich werde erst zehn Minuten lang mit Jan spielen. In den restlichen zehn Minuten werde ich bügeln und Jan dazu ermutigen, alleine weiter zu spielen.*).

....

....

....

....

Sich bei der Umsetzung der Erziehungsfertigkeiten beobachten

Wenn Sie sich Ziele gesetzt und die praktische Übung genauer geplant haben, können Sie beginnen. Vielleicht hilft es Ihnen, sich eine Stoppuhr zu stellen (z.B. mit einem Wecker oder einem Smartphone), damit Sie wissen, wann die 20 Minuten vorbei sind oder wann es Zeit ist, zu einer anderen Aktivität überzugehen (z.B. nach 10 Minuten).

Beobachten Sie während der praktischen Übung, inwieweit Sie Ihre Ziele erreichen. Auf der nächsten Seite sehen Sie ein Beispiel für eine ausgefüllte Checkliste für eine praktische Übung.

Übung 3 Im Blick behalten, was Sie tun

Es kann hilfreich sein, sich schon während Ihrer Übung mit Hilfe der „Checkliste für eine praktische Übung" und den übrigen Checklisten auf den folgenden Seiten an die Schritte zum Umgang mit typischen herausfordernden Verhaltensweisen zu erinnern. Sie können aber auch nach der Übung auf die Checklisten zurückgreifen, um zu sehen, wie gut Ihre Übung geklappt hat. Die Checklisten helfen Ihnen herauszufinden, welche Schritte Sie gut gemacht haben und welche Schritte Sie vielleicht vergessen haben oder noch üben sollten. Daraus lassen sich wiederum neue Ziele für Veränderungen ableiten. Sie können die Checklisten aber auch jederzeit zur Unterstützung nehmen, falls eines der genannten Probleme auftritt. Kopiervorlagen für die Checklisten finden Sie am Ende des Buches im Abschnitt „Arbeitsblätter".

BEISPIEL: CHECKLISTE FÜR EINE PRAKTISCHE ÜBUNG

Anleitung: Notieren Sie Ihre Ziele für die praktische Übung. Formulieren Sie diese so konkret wie möglich. Ein konkretes Ziel ist zum Beispiel „mindestens dreimal beschreibend loben". Halten Sie in der Checkliste fest, ob Sie Ihre Ziele erreicht haben. Beschreiben Sie, was gut geklappt hat und welche Schwierigkeiten aufgetreten sind.

ZIEL 1: Klare, ruhige Anweisungen geben und Jan loben, wenn er tut, was ich ihm gesagt habe

ZIEL 2: Eine logische Konsequenz, ruhige Zeit oder Auszeit einsetzen, wenn Jan nicht tut, was ich ihm gesagt habe

ZIEL 3: Versuchen, beiläufiges Lernen einzusetzen, damit Jan mehr spricht

	ZIEL ERREICHT? JA/NEIN	ANMERKUNGEN
ZIEL 1	Ja	Die Anweisungen waren ziemlich konkret formuliert. Aber ich habe „Gut gemacht!" gesagt, statt genau zu beschreiben, was mir an Jans Verhalten gefallen hat. Manchmal habe ich vergessen, zu loben.
ZIEL 2	Ja	Ich habe versucht, logische Konsequenzen und die ruhige Zeit anzuwenden und habe den Grund für die Konsequenz erklärt. Ich glaube, ich habe meine Anweisung zu oft wiederholt, bis ich die Konsequenz eingesetzt habe.
ZIEL 3	Nein	Dafür blieb keine Zeit.

Checkliste für die praktische Übung

Anleitung: Notieren Sie Ihre Ziele für die praktische Übung. Formulieren Sie diese so konkret wie möglich. Ein konkretes Ziel ist zum Beispiel „mindestens dreimal beschreibend loben". Halten Sie in der Checkliste fest, ob Sie Ihre Ziele erreicht haben. Beschreiben Sie, was gut geklappt hat und welche Schwierigkeiten aufgetreten sind.

ZIEL 1:

....

....

ZIEL 2:

....

....

ZIEL 3:

....

....

	ZIEL ERREICHT? JA/NEIN	KOMMENTARE
ZIEL 1		
ZIEL 2		
ZIEL 3		

Woche 4

Checkliste zum Umgang mit häufigem Unterbrechen und Stören

Anleitung: Sie können diese Checkliste nutzen, wenn Ihr Kind Sie bei einem Gespräch oder einer Beschäftigung unterbricht. Notieren Sie für jeden einzelnen Schritt, ob Sie ihn durchgeführt haben (J) oder nicht (N). Es kann auch sein, dass ein Schritt nicht anwendbar war (NA).

	TAG						
SCHRITTE	SCHRITT AUSGEFÜHRT?						
1. Gewinnen Sie die Aufmerksamkeit ihres Kindes — sprechen Sie es mit seinem Namen an.							
2. Sagen Sie ihm ruhig, womit es aufhören und was es stattdessen tun soll — *Unterbrich mich jetzt nicht. Warte, bis ich fertig bin und frag' dann noch mal.*							
3. Wenn Ihr Kind wartet, bis Sie fertig sind oder eine Pause machen, loben Sie es für das Warten und schenken Sie ihm dann Aufmerksamkeit.							
4. Wenn Ihr Kind nicht tut, wozu Sie es aufgefordert haben, sagen Sie ihm, was es falsch gemacht hat und welche Konsequenz das hat — *Du unterbrichst mich weiterhin. Du hast jetzt eine Minute ruhige Zeit.* Vermeiden Sie, darüber zu diskutieren oder sich deswegen zu streiten.							
5. Wenn Ihr Kind während der ruhigen Zeit nicht ruhig ist, sagen Sie ihm, was es falsch gemacht hat und welche Konsequenz das hat — *Du verhältst dich nicht ruhig in der ruhigen Zeit. Jetzt gehst du für eine Minute in die Auszeit.* Vermeiden Sie, darüber zu diskutieren oder sich deswegen zu streiten. Bringen Sie Ihr Kind geradewegs in die Auszeit.							
6. Beenden Sie die ruhige Zeit bzw. Auszeit, wenn Ihr Kind die vereinbarte Zeit ruhig war. Unterstützen Sie es dabei, sich zu beschäftigen oder angemessen zu verhalten.							
7. Loben Sie Ihr Kind, sobald es sich angemessen verhält.							
ANZAHL ERFOLGREICH DURCHGEFÜHRTER SCHRITTE:							

Checkliste zum Umgang mit Streiten/nicht mit anderen teilen wollen

Anleitung: Sie können diese Checkliste nutzen, wenn Ihr Kind sich streitet, nicht mit anderen teilen oder sich beim Spielen nicht abwechseln möchte. Notieren Sie für jeden einzelnen Schritt, ob Sie ihn durchgeführt haben (J) oder nicht (N). Es kann auch sein, dass ein Schritt nicht anwendbar war (NA).

	TAG						
SCHRITTE	SCHRITT AUSGEFÜHRT?						
1. Gewinnen Sie die Aufmerksamkeit ihres Kindes — sprechen Sie es mit seinem Namen an.							
2. Sagen Sie ihm, womit es aufhören und was es stattdessen tun soll — *Hört auf zu streiten. Wechselt euch beim Spielen ab.*							
3. Loben Sie Ihr Kind, wenn es tut, wozu Sie es aufgefordert haben.							
4. Wenn Ihr Kind nicht tut, wozu Sie es aufgefordert haben, sagen Sie ihm, was es falsch gemacht hat und welche Konsequenz das hat — *Ihr habt euch nicht abgewechselt, so wie ich es gesagt habe. Jetzt nehme ich das Spiel für zwei Minuten weg.* Vermeiden Sie, darüber zu diskutieren oder sich deswegen zu streiten.							
5. Ignorieren Sie Ihr Kind absichtlich, wenn es Ihnen widerspricht oder sich darüber beschwert.							
6. Geben Sie das Spielzeug zurück bzw. ermöglichen Sie die Beschäftigung erneut, wenn die vereinbarte Zeit vorbei ist.							
7. Loben Sie Ihr Kind dafür, dass es sich abwechselt oder einigt und helfen Sie ihm gegebenenfalls dabei.							
8. Wenn das Problem erneut auftritt, wiederholen Sie die Konsequenz für eine längere Zeitspanne oder setzen Sie die ruhige Zeit ein.							
ANZAHL ERFOLGREICH DURCHGEFÜHRTER SCHRITTE:							

Checkliste zum Umgang mit aggressivem Verhalten

Anleitung: Sie können diese Checkliste nutzen, wenn Ihr Kind sich aggressiv verhält. Notieren Sie für jeden einzelnen Schritt, ob Sie ihn durchgeführt haben (J) oder nicht (N). Es kann auch sein, dass ein Schritt nicht anwendbar war (NA).

	TAG						
SCHRITTE	SCHRITT AUSGEFÜHRT?						
1. Gewinnen Sie die Aufmerksamkeit Ihres Kindes — sprechen Sie es mit seinem Namen an.							
2. Sagen Sie ihm, womit es aufhören und was es stattdessen tun soll — *Hör' auf zu schlagen! Behalte deine Hände bei dir und sag' mit ruhiger Stimme, was du möchtest!*							
3. Loben Sie Ihr Kind, wenn es tut, wozu Sie es aufgefordert haben.							
4. Wenn Ihr Kind nicht tut, wozu Sie es aufgefordert haben, sagen Sie ihm, was es falsch gemacht hat und welche Konsequenz das hat — *Du schlägst immer noch. Geh' jetzt für zwei Minuten in die ruhige Zeit.* Wenn nötig, bringen Sie Ihr Kind in die ruhige Zeit. Diskutieren Sie nicht darüber.							
5. Wenn Ihr Kind während der ruhigen Zeit nicht ruhig ist, sagen Sie ihm, was es falsch gemacht hat und welche Konsequenz das hat — *Du verhältst dich nicht ruhig in der ruhigen Zeit. Geh' jetzt für zwei Minuten in die Auszeit.* Bringen Sie es direkt in die Auszeit.							
6. Beenden Sie die ruhige Zeit bzw. Auszeit, wenn Ihr Kind die vereinbarte Zeit ruhig war. Unterstützen Sie es dabei, sich zu beschäftigen oder angemessen zu verhalten.							
7. Loben Sie Ihr Kind, sobald es sich angemessen verhält.							
ANZAHL ERFOLGREICH DURCHGEFÜHRTER SCHRITTE:							

Checkliste zum Umgang mit Wutanfällen

Anleitung: Sie können diese Checkliste nutzen, wenn Ihr Kind einen Wutanfall bekommt. Notieren Sie für jeden einzelnen Schritt, ob Sie ihn durchgeführt haben (J) oder nicht (N). Es kann auch sein, dass ein Schritt nicht anwendbar war (NA).

	TAG						
SCHRITTE	SCHRITT AUSGEFÜHRT?						
ENTWEDER a) Wenden Sie absichtliches Ignorieren an, wenn Ihr Kind jünger als 2 Jahre ist. ODER B) Gewinnen Sie die Aufmerksamkeit Ihres Kindes so gut Sie können und folgen sie den folgenden Schritten.							
1. Gewinnen Sie die Aufmerksamkeit Ihres Kindes. Sagen Sie ihm, womit es aufhören und was es stattdessen tun soll — *Hör' auf zu schreien. Sprich mit ruhiger Stimme.*							
2. Loben Sie Ihr Kind, wenn es tut, wozu Sie es aufgefordert haben.							
3. Wenn Ihr Kind nicht tut, wozu Sie es aufgefordert haben, sagen Sie ihm, was es falsch gemacht hat und welche Konsequenz das hat — *Du hast nicht getan, was ich gesagt habe. Geh' jetzt für eine Minute in die Auszeit.* Diskutieren Sie nicht darüber. Bringen Sie Ihr Kind direkt in die Auszeit.							
4. Beenden Sie die Auszeit, wenn Ihr Kind die vereinbarte Zeit ruhig war. Unterstützen Sie es dabei, sich zu beschäftigen oder angemessen zu verhalten.							
5. Loben Sie Ihr Kind, sobald es sich angemessen verhält.							
ANZAHL ERFOLGREICH DURCHGEFÜHRTER SCHRITTE:							

Woche 4

Checkliste zum Umgang mit Quengeln und Jammern

Anleitung: Sie können diese Checkliste nutzen, wenn Ihr Kind quengelt oder jammert. Notieren Sie für jeden einzelnen Schritt, ob Sie ihn durchgeführt haben (J) oder nicht (N). Es kann auch sein, dass ein Schritt nicht anwendbar war (NA).

SCHRITTE	TAG						
	SCHRITT AUSGEFÜHRT?						
1. Gewinnen Sie die Aufmerksamkeit Ihres Kindes — sprechen Sie es mit seinem Namen an.							
2. Sagen Sie ihm, womit es aufhören und was es stattdessen tun soll — *Hör' auf zu quengeln. Sag' mit normaler Stimme, was du möchtest.*							
3. Loben Sie Ihr Kind, wenn es tut, wozu Sie es aufgefordert haben.							
4. Wenn Ihr Kind nicht tut, wozu Sie es aufgefordert haben, sagen Sie ihm, was es falsch gemacht hat und welche Konsequenz das hat — *Du hast nicht aufgehört zu quengeln. Ich packe das Eis jetzt für zwei Minuten weg. Frag' danach noch mal.* Vermeiden Sie, darüber zu diskutieren oder sich deswegen zu streiten.							
5. Ignorieren Sie Ihr Kind absichtlich, wenn es Ihnen widerspricht oder sich darüber beschwert.							
6. Wenn die Zeit um ist und Ihr Kind aufgehört hat zu quengeln, loben Sie es, weil es ruhig ist, und geben Sie ihm Gelegenheit zu sagen, was es möchte.							
7. Wenn Ihr Kind angemessen sagt, was es möchte, loben Sie es und erfüllen Sie ihm wenn möglich seinen Wunsch.							
8. Wenn das Problem erneut auftritt, wiederholen Sie die Konsequenz für eine längere Zeitspanne oder setzen Sie die ruhige Zeit ein.							
ANZAHL ERFOLGREICH DURCHGEFÜHRTER SCHRITTE:							

Rückschau halten

Nehmen Sie sich nach der 20-minütigen Übung etwas Zeit und überlegen Sie, was Sie gut gemacht haben, und ob es etwas gibt, was Sie beim nächsten Mal anders machen möchten. Ihre ausgefüllten Checklisten können Ihnen als Grundlage für die Übung 4 dienen.

Übung 4 Rückschau halten

Was haben Sie Ihrer Meinung nach bei der praktischen Übung gut gemacht? Versuchen Sie, mindestens zwei Punkte aufzuschreiben, die gut geklappt haben (z.B. *Ich habe dreimal beschreibend gelobt, und ich war bei der Umsetzung der ruhigen Zeit konsequent.*). Beziehen Sie sich dabei auf die Ziele, die Sie in Übung 1 aufgestellt haben. Welche Ziele haben Sie erreicht?

....

....

....

....

....

....

....

....

Was war schwierig? Was hätten Sie Ihrer Meinung nach anders machen können, damit die Übung noch besser verläuft? Überlegen Sie sich ein oder zwei konkrete Dinge, die Sie gerne anders machen würden, falls Sie die Übung noch einmal wiederholen (z.B. *Ich sollte häufiger beschreibend loben und Tim genau sagen, was er gut gemacht hat, und ich sollte ruhig bleiben und Tim erklären, warum er ruhige Zeit hat.*). Denken Sie an die Ziele, die Sie sich in Übung 1 gesetzt haben. Gibt es ein Ziel, das Sie nicht erreicht haben?

....

....

....

....

....

....

....

....

Hier können Sie noch weitere Aspekte notieren, die für Sie während der praktischen Übung wichtig oder schwierig waren.

Zusammenfassung

In dieser Woche hatten Sie Gelegenheit, die positiven Erziehungsfertigkeiten im Rahmen einer praktischen Übung auszuprobieren. Außerdem haben Sie Ihr eigenes Verhalten beim Umsetzen der Fertigkeiten beobachtet und reflektiert. So konnten Sie Ihre Stärken und Bereiche für Verbesserungen erkennen und sich Ziele für Veränderungen setzen.

Aufgabe

- Notieren Sie die Erziehungsfertigkeiten, die Sie für den Rest der Woche üben möchten. Formulieren Sie konkrete Ziele und berücksichtigen Sie dabei Ihre Ziele für Veränderungen aus der praktischen Übung (z.B. „Ruhig bleiben und Tim erklären, warum er ruhige Zeit hat, und häufiger beschreibend loben.").

Mögliche Zusatzaufgabe

Es ist sinnvoll, das Verhalten Ihres Kindes weiter zu beobachten und die Ergebnisse in eine Verhaltenskurve zu übertragen. Sie können die Beobachtung des ausgewählten Verhaltens beenden, wenn es über einen Zeitraum von ca. fünf Tagen auf einem Niveau geblieben ist, mit dem Sie zufrieden sind. Wenn Sie möchten, können Sie dann ein anderes Verhalten beobachten.

Themen der nächsten Woche

In der nächsten Woche werden Sie wieder Gelegenheit haben, Ihre Umsetzung der positiven Erziehungsfertigkeiten im Rahmen einer praktischen Übung zu beobachten. Sie werden außerdem wieder dazu angeregt, Ihre Stärken herauszufinden und sich neue Ziele für Veränderungen zu setzen.

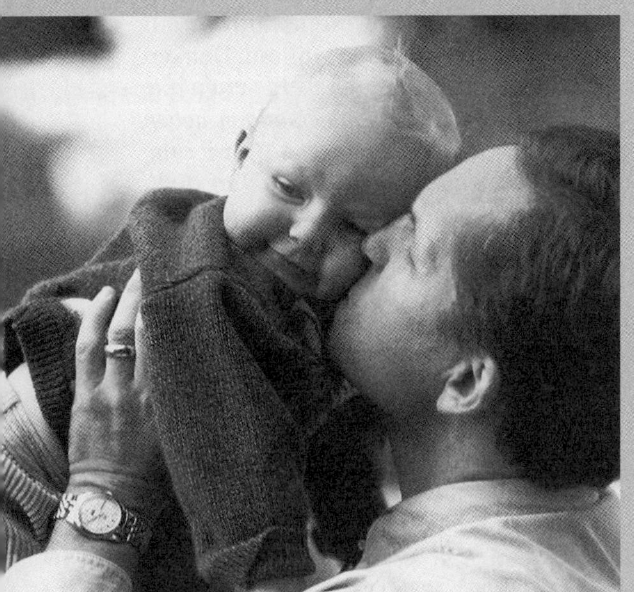

Erziehungsfertigkeiten einsetzen 2

Überblick

In dieser Woche haben Sie erneut Gelegenheit, die positiven Erziehungsfertigkeiten, die in der zweiten und dritten Woche eingeführt wurden, praktisch zu üben. Dafür planen Sie wieder 20 Minuten ein. Die Ziele dieser Woche werden vermutlich mit den gleichen Erziehungsfertigkeiten zusammenhängen, die Sie letzte Woche geübt haben. Sie behalten auch in dieser Woche im Blick, wie Sie die einzelnen Fertigkeiten umsetzen, finden Ihre Stärken heraus und setzen sich neue Ziele für Veränderungen.

Am Ende der fünften Woche sollten Sie in der Lage sein:

- positive Erziehungsfertigkeiten anzuwenden,
- die eigene Umsetzung der Erziehungsfertigkeiten im Blick zu behalten und zu reflektieren,
- Ihre Stärken und Verbesserungsbereiche bei der Umsetzung zu erkennen und
- sich konkrete Ziele für weitere praktische Übungen zu setzen.

Erste Schritte

Überlegen Sie wieder, wann Sie ungefähr 20 Minuten Zeit haben, um eine praktische Übung durchzuführen. Sie sollten sich während dieser Zeit ungestört mit Ihrem Kind im gleichen Raum aufhalten können. Setzen Sie sich Ziele, die Sie in der Übung erreichen möchten. Es kann hilfreich sein, sich noch einmal in Ihren Notizen auf Seite 84 anzusehen, welche Erziehungsfertigkeiten Sie weiter üben wollten. Denken Sie daran, Ihre Ziele so konkret wie möglich zu formulieren (z.B. *Ich werde etwa alle fünf Minuten beschreibend loben. Ich werde vier klare, ruhige Anweisungen geben und Konsequenzen einsetzen, falls es nötig ist – Lob, wenn Jan einer Aufforderung nachkommt, und logische Konsequenzen, ruhige Zeit und Auszeit, wenn Jan nicht tut, was ich ihm gesagt habe. Außerdem werde ich Jan sagen, warum er ruhige Zeit hat, wenn es soweit kommt.*).

Denken Sie daran, Fernseher und andere Bildschirmgeräte während der praktischen Übung ausgeschaltet zu lassen und nicht zu telefonieren. So haben Sie mehr Zeit, sich mit Ihrem Kind zu befassen.

Woche 5

Übung 1 Zeitpunkt und Ziele für eine praktische Übung

Wählen Sie einen Zeitpunkt aus, an dem Sie 20 Minuten Zeit für eine praktische Übung haben.

Tag .... Datum .... Uhrzeit ....

Notieren Sie hier Ihre Ziele für die zweite praktische Übung:

....

....

....

....

Eine praktische Übung entwerfen

Überlegen Sie, wie Sie Ihre praktische Übung so gestalten können, dass Sie Ihre Ziele auch erreichen. Wenn Sie sich zum Beispiel vorgenommen haben, beschreibendes Lob zu üben, planen Sie Aktivitäten ein, bei denen sich Gelegenheiten zum Loben ergeben (z.B. im Haushalt helfen oder selbstständig spielen, während Sie beschäftigt sind). Wenn Sie üben möchten, ruhige, klare Anweisungen zu geben, planen Sie die Übung für einen Zeitraum, in dem Sie grundsätzlich viele Anweisungen geben (wenn Ihr Kind sich z.B. morgens für die Schule fertig macht: dann fordern Sie es auf, sich anzuziehen, seine Haare zu kämmen, sich die Zähne zu putzen, usw.). Wenn Sie den Umgang mit herausforderndem Verhalten üben möchten, wählen Sie eine Tageszeit oder eine Aktivität, bei der das unerwünschte Verhalten wahrscheinlich ist. Oft genügt es schon, Ihrem Kind eine Weile keine Aufmerksamkeit zu schenken und sich mit etwas anderem zu beschäftigen, sodass Ihr Kind selbstständig spielen muss.

Übung 2 Eine praktische Übung planen

Notieren Sie, wie Sie die 20 Minuten der praktischen Übung gestalten möchten (z.B. *Ich werde mit der Übung abends um 19.00 Uhr beginnen, wenn Tim sich für's Bett fertig machen soll. Dann werde ich die Gelegenheit haben, vier oder fünf klare, ruhige Anweisungen zu geben.*).

....

....

....

....

Sich bei der Umsetzung der Erziehungsfertigkeiten beobachten

Wenn Sie sich Ziele gesetzt und die praktische Übung genauer geplant haben, können Sie beginnen. Vielleicht hilft es Ihnen, sich eine Stoppuhr zu stellen (z.B. mit einem Wecker oder einem Smartphone), damit Sie wissen, wann die 20 Minuten vorbei sind oder wann es Zeit ist, zu einer anderen Aktivität überzugehen (z.B. nach 10 Minuten).

Übung 3 Im Blick behalten, was Sie tun

Versuchen Sie während der praktischen Übung darauf zu achten, ob Sie Ihre Ziele erreichen. Es kann hilfreich sein, sich bereits während der Übung mit Hilfe der „Checkliste für eine praktische Übung“ und den übrigen Checklisten auf den folgenden Seiten an die Schritte zum Umgang mit typischen herausfordernden Verhaltensweisen zu erinnern. Sie können aber auch nach der Übung auf die Checklisten zurückgreifen, um zu sehen, wie gut Ihre Übung geklappt hat. Die Checklisten helfen Ihnen herauszufinden, welche Schritte Sie gut gemacht haben und welche Schritte Sie vielleicht vergessen haben oder noch üben sollten. Daraus lassen sich wiederum neue Ziele für Veränderungen ableiten. Sie können die Checklisten aber auch jederzeit zur Unterstützung nehmen, falls eines der genannten Probleme auftritt. Kopiervorlagen für die Checklisten finden Sie am Ende des Buches im Abschnitt „Arbeitsblätter“.

Checkliste für die praktische Übung

Anleitung: Notieren Sie Ihre Ziele für die praktische Übung. Formulieren Sie diese so konkret wie möglich. Ein konkretes Ziel ist zum Beispiel „mindestens dreimal beschreibend loben". Halten Sie in der Checkliste fest, ob Sie Ihre Ziele erreicht haben. Beschreiben Sie, was gut geklappt hat und welche Schwierigkeiten aufgetreten sind.

ZIEL 1:

....

....

ZIEL 2:

....

....

ZIEL 3:

....

....

	ZIEL ERREICHT? JA/NEIN	KOMMENTARE
ZIEL 1		
ZIEL 2		
ZIEL 3		

Checkliste zum Umgang mit häufigem Unterbrechen und Stören

Anleitung: Sie können diese Checkliste nutzen, wenn Ihr Kind Sie bei einem Gespräch oder einer Beschäftigung unterbricht. Notieren Sie für jeden einzelnen Schritt, ob Sie ihn durchgeführt haben (J) oder nicht (N). Es kann auch sein, dass ein Schritt nicht anwendbar war (NA).

	TAG						
SCHRITTE	SCHRITT AUSGEFÜHRT?						
1. Gewinnen Sie die Aufmerksamkeit ihres Kindes — sprechen Sie es mit seinem Namen an.							
2. Sagen Sie ihm ruhig, womit es aufhören und was es stattdessen tun soll — *Unterbrich mich jetzt nicht. Warte, bis ich fertig bin und frag' dann noch mal.*							
3. Wenn Ihr Kind wartet, bis Sie fertig sind oder eine Pause machen, loben Sie es für das Warten und schenken Sie ihm dann Aufmerksamkeit.							
4. Wenn Ihr Kind nicht tut, wozu Sie es aufgefordert haben, sagen Sie ihm, was es falsch gemacht hat und welche Konsequenz das hat — *Du unterbrichst mich weiterhin. Du hast jetzt eine Minute ruhige Zeit.* Vermeiden Sie, darüber zu diskutieren oder sich deswegen zu streiten.							
5. Wenn Ihr Kind während der ruhigen Zeit nicht ruhig ist, sagen Sie ihm, was es falsch gemacht hat und welche Konsequenz das hat — *Du verhältst dich nicht ruhig in der ruhigen Zeit. Jetzt gehst du für eine Minute in die Auszeit.* Vermeiden Sie, darüber zu diskutieren oder sich deswegen zu streiten. Bringen Sie Ihr Kind geradewegs in die Auszeit.							
6. Beenden Sie die ruhige Zeit bzw. Auszeit, wenn Ihr Kind die vereinbarte Zeit ruhig war. Unterstützen Sie es dabei, sich zu beschäftigen oder angemessen zu verhalten.							
7. Loben Sie Ihr Kind, sobald es sich angemessen verhält.							
ANZAHL ERFOLGREICH DURCHGEFÜHRTER SCHRITTE:							

Woche 5

Checkliste zum Umgang mit Streiten/nicht mit anderen teilen wollen

Anleitung: Sie können diese Checkliste nutzen, wenn Ihr Kind sich streitet, nicht mit anderen teilen oder sich beim Spielen nicht abwechseln möchte. Notieren Sie für jeden einzelnen Schritt, ob Sie ihn durchgeführt haben (J) oder nicht (N). Es kann auch sein, dass ein Schritt nicht anwendbar war (NA).

	TAG						
SCHRITTE	SCHRITT AUSGEFÜHRT?						
1. Gewinnen Sie die Aufmerksamkeit ihres Kindes — sprechen Sie es mit seinem Namen an.							
2. Sagen Sie ihm, womit es aufhören und was es stattdessen tun soll — *Hört auf zu streiten. Wechselt euch beim Spielen ab.*							
3. Loben Sie Ihr Kind, wenn es tut, wozu Sie es aufgefordert haben.							
4. Wenn Ihr Kind nicht tut, wozu Sie es aufgefordert haben, sagen Sie ihm, was es falsch gemacht hat und welche Konsequenz das hat — *Ihr habt euch nicht abgewechselt, so wie ich es gesagt habe. Jetzt nehme ich das Spiel für zwei Minuten weg.* Vermeiden Sie, darüber zu diskutieren oder sich deswegen zu streiten.							
5. Ignorieren Sie Ihr Kind absichtlich, wenn es Ihnen widerspricht oder sich darüber beschwert.							
6. Geben Sie das Spielzeug zurück bzw. ermöglichen Sie die Beschäftigung erneut, wenn die vereinbarte Zeit vorbei ist.							
7. Loben Sie Ihr Kind dafür, dass es sich abwechselt oder einigt und helfen Sie ihm gegebenenfalls dabei.							
8. Wenn das Problem erneut auftritt, wiederholen Sie die Konsequenz für eine längere Zeitspanne oder setzen Sie die ruhige Zeit ein.							
ANZAHL ERFOLGREICH DURCHGEFÜHRTER SCHRITTE:							

Checkliste zum Umgang mit aggressivem Verhalten

Anleitung: Sie können diese Checkliste nutzen, wenn Ihr Kind sich aggressiv verhält. Notieren Sie für jeden einzelnen Schritt, ob Sie ihn durchgeführt haben (J) oder nicht (N). Es kann auch sein, dass ein Schritt nicht anwendbar war (NA).

SCHRITTE	SCHRITT AUSGEFÜHRT? (TAG)						
1. Gewinnen Sie die Aufmerksamkeit Ihres Kindes — sprechen Sie es mit seinem Namen an.							
2. Sagen Sie ihm, womit es aufhören und was es stattdessen tun soll — *Hör' auf zu schlagen! Behalte deine Hände bei dir und sag' mit ruhiger Stimme, was du möchtest!*							
3. Loben Sie Ihr Kind, wenn es tut, wozu Sie es aufgefordert haben.							
4. Wenn Ihr Kind nicht tut, wozu Sie es aufgefordert haben, sagen Sie ihm, was es falsch gemacht hat und welche Konsequenz das hat — *Du schlägst immer noch. Geh' jetzt für zwei Minuten in die ruhige Zeit.* Wenn nötig, bringen Sie Ihr Kind in die ruhige Zeit. Diskutieren Sie nicht darüber.							
5. Wenn Ihr Kind während der ruhigen Zeit nicht ruhig ist, sagen Sie ihm, was es falsch gemacht hat und welche Konsequenz das hat — *Du verhältst dich nicht ruhig in der ruhigen Zeit. Geh' jetzt für zwei Minuten in die Auszeit.* Bringen Sie es direkt in die Auszeit.							
6. Beenden Sie die ruhige Zeit bzw. Auszeit, wenn Ihr Kind die vereinbarte Zeit ruhig war. Unterstützen Sie es dabei, sich zu beschäftigen oder angemessen zu verhalten.							
7. Loben Sie Ihr Kind, sobald es sich angemessen verhält.							
ANZAHL ERFOLGREICH DURCHGEFÜHRTER SCHRITTE:							

Checkliste zum Umgang mit Wutanfällen

Anleitung: Sie können diese Checkliste nutzen, wenn Ihr Kind einen Wutanfall bekommt. Notieren Sie für jeden einzelnen Schritt, ob Sie ihn durchgeführt haben (J) oder nicht (N). Es kann auch sein, dass ein Schritt nicht anwendbar war (NA).

	TAG						
SCHRITTE	SCHRITT AUSGEFÜHRT?						
ENTWEDER a) Wenden Sie absichtliches Ignorieren an, wenn Ihr Kind jünger als 2 Jahre ist. ODER B) Gewinnen Sie die Aufmerksamkeit Ihres Kindes so gut Sie können und folgen sie den folgenden Schritten.							
1. Gewinnen Sie die Aufmerksamkeit Ihres Kindes. Sagen Sie ihm, womit es aufhören und was es stattdessen tun soll — *Hör' auf zu schreien. Sprich mit ruhiger Stimme.*							
2. Loben Sie Ihr Kind, wenn es tut, wozu Sie es aufgefordert haben.							
3. Wenn Ihr Kind nicht tut, wozu Sie es aufgefordert haben, sagen Sie ihm, was es falsch gemacht hat und welche Konsequenz das hat — *Du hast nicht getan, was ich gesagt habe. Geh' jetzt für eine Minute in die Auszeit.* Diskutieren Sie nicht darüber. Bringen Sie Ihr Kind direkt in die Auszeit.							
4. Beenden Sie die Auszeit, wenn Ihr Kind die vereinbarte Zeit ruhig war. Unterstützen Sie es dabei, sich zu beschäftigen oder angemessen zu verhalten.							
5. Loben Sie Ihr Kind, sobald es sich angemessen verhält.							
ANZAHL ERFOLGREICH DURCHGEFÜHRTER SCHRITTE:							

Checkliste zum Umgang mit Quengeln und Jammern

Anleitung: Sie können diese Checkliste nutzen, wenn Ihr Kind quengelt oder jammert. Notieren Sie für jeden einzelnen Schritt, ob Sie ihn durchgeführt haben (J) oder nicht (N). Es kann auch sein, dass ein Schritt nicht anwendbar war (NA).

	TAG						
SCHRITTE	SCHRITT AUSGEFÜHRT?						
1. Gewinnen Sie die Aufmerksamkeit Ihres Kindes — sprechen Sie es mit seinem Namen an.							
2. Sagen Sie ihm, womit es aufhören und was es stattdessen tun soll — *Hör' auf zu quengeln. Sag' mit normaler Stimme, was du möchtest.*							
3. Loben Sie Ihr Kind, wenn es tut, wozu Sie es aufgefordert haben.							
4. Wenn Ihr Kind nicht tut, wozu Sie es aufgefordert haben, sagen Sie ihm, was es falsch gemacht hat und welche Konsequenz das hat — *Du hast nicht aufgehört zu quengeln. Ich packe das Eis jetzt für zwei Minuten weg. Frag' danach noch mal.* Vermeiden Sie, darüber zu diskutieren oder sich deswegen zu streiten.							
5. Ignorieren Sie Ihr Kind absichtlich, wenn es Ihnen widerspricht oder sich darüber beschwert.							
6. Wenn die Zeit um ist und Ihr Kind aufgehört hat zu quengeln, loben Sie es, weil es ruhig ist, und geben Sie ihm Gelegenheit zu sagen, was es möchte.							
7. Wenn Ihr Kind angemessen sagt, was es möchte, loben Sie es und erfüllen Sie ihm wenn möglich seinen Wunsch.							
8. Wenn das Problem erneut auftritt, wiederholen Sie die Konsequenz für eine längere Zeitspanne oder setzen Sie die ruhige Zeit ein.							
ANZAHL ERFOLGREICH DURCHGEFÜHRTER SCHRITTE:							

Rückschau halten

Nehmen Sie sich nach der 20-minütigen Übung etwas Zeit und überlegen Sie, was Sie gut gemacht haben, und ob es etwas gibt, was Sie beim nächsten Mal anders machen möchten. Ihre ausgefüllten Checklisten können Ihnen als Grundlage für die Übung 4 dienen.

Übung 4 Rückschau halten

Was haben Sie Ihrer Meinung nach bei der praktischen Übung gut gemacht? Versuchen Sie, mindestens zwei Punkte aufzuschreiben, die gut geklappt haben (z.B. *Ich bin ruhig geblieben und habe klare Anweisungen gegeben. Wenn Tim getan hat, wozu ich ihn aufgefordert habe, habe ich ihn beschreibend gelobt. Wenn er nicht getan hat, was ich ihm gesagt habe, habe ich ihm erklärt, warum er ruhige Zeit hat.*). Beziehen Sie sich dabei auf die Ziele, die Sie in Übung 1 aufgestellt haben. Welche Ziele haben Sie erreicht?

Was war schwierig? Was hätten Sie Ihrer Meinung nach anders machen können, damit die Übung noch besser verläuft? Überlegen Sie sich ein oder zwei konkrete Dinge, die Sie gerne anders machen würden, falls Sie die Übung noch einmal wiederholen (z.B. *Ich sollte aufhören, meine Anweisungen mehrmals zu wiederholen, und nach zwei Anweisungen direkt eine Konsequenz folgen lassen. Außerdem möchte ich nicht mit Tim über die Konsequenz diskutieren, sondern sie einfach umsetzen.*). Denken Sie an die Ziele, die Sie sich in Übung 1 gesetzt haben. Gibt es ein Ziel, das Sie nicht erreicht haben?

Hier können Sie noch weitere Aspekte notieren, die für Sie während der praktischen Übung wichtig oder schwierig waren.

Zusammenfassung

In dieser Woche hatten Sie erneut Gelegenheit, die positiven Erziehungsfertigkeiten auszuprobieren und zu üben. Außerdem haben Sie Ihr eigenes Verhalten beim Umsetzen der Fertigkeiten beobachtet und reflektiert. So konnten Sie Ihre Stärken und Bereiche für Verbesserungen erkennen und sich Ziele für Veränderungen setzen.

Aufgabe

- Notieren Sie die Erziehungsfertigkeiten, die Sie für den Rest der Woche üben möchten. Formulieren Sie konkrete Ziele und berücksichtigen Sie dabei Ihre Ziele für Veränderungen aus der letzten praktischen Übung (z.B. „Anweisungen nur noch zweimal geben und dann eine Konsequenz folgen lassen, wenn Tim die Anweisung nicht befolgt. Nicht mit Tim über die Konsequenz diskutieren").

Mögliche Zusatzaufgabe

Es ist sinnvoll, das Verhalten Ihres Kindes weiter zu beobachten und die Ergebnisse in eine Verhaltenskurve zu übertragen. Sie können die Beobachtung des ausgewählten Verhaltens beenden, wenn es über einen Zeitraum von ca. fünf Tagen auf einem Niveau geblieben ist, mit dem Sie zufrieden sind. Wenn Sie möchten, können Sie dann ein anderes Verhalten beobachten.

Themen der nächsten Woche

In der nächsten Woche werden Sie wieder Gelegenheit haben, Ihre Umsetzung der positiven Erziehungsfertigkeiten im Rahmen einer praktischen Übung zu beobachten. Sie werden außerdem wieder dazu angeregt, Ihre Stärken herauszufinden und sich neue Ziele für Veränderungen zu setzen.

Woche 6

Erziehungsfertigkeiten einsetzen 3

Überblick

Dies ist die dritte und letzte Woche, in der Sie eine praktische Übung durchführen, um die positiven Erziehungsfertigkeiten zu festigen. Dazu planen Sie wieder 20 Minuten Zeit ein. Die Ziele dieser Woche werden vermutlich mit den gleichen Erziehungsfertigkeiten zusammenhängen, die Sie letzte Woche geübt haben. Sie behalten auch in dieser Woche im Blick, wie Sie die einzelnen Fertigkeiten umsetzen, finden Ihre Stärken heraus und setzen sich neue Ziele für Veränderungen. Bevor Sie zur siebten Woche übergehen, sollten Sie logische Konsequenzen, die ruhige Zeit und die Auszeit zu Hause erfolgreich anwenden können. Wenn Sie merken, dass Sie sich nach der sechsten Woche noch nicht sicher in der Umsetzung dieser Erziehungsfertigkeiten fühlen, empfiehlt es sich, zunächst weitere praktische Übungen durchzuführen oder professionelle Unterstützung (z.B. durch einen Triple P-Trainer) in Anspruch zu nehmen.

Am Ende der sechsten Woche sollten Sie in der Lage sein:

- positive Erziehungsfertigkeiten anzuwenden,
- die eigene Umsetzung der Erziehungsfertigkeiten im Blick zu behalten und zu reflektieren,
- Ihre Stärken und Verbesserungsbereiche bei der Umsetzung zu erkennen und
- sich konkrete Ziele für weitere praktische Übungen zu setzen.

Erste Schritte

Überlegen Sie wieder, wann Sie ungefähr 20 Minuten Zeit haben, um eine praktische Übung durchzuführen. Sie sollten sich während dieser Zeit ungestört mit Ihrem Kind im gleichen Raum aufhalten können. Setzen Sie sich Ziele, die Sie in der Übung erreichen möchten. Es kann hilfreich sein, sich noch einmal in Ihren Notizen auf Seite 97 anzusehen, welche Erziehungsfertigkeiten Sie weiter üben wollten. Denken Sie daran, Ihre Ziele so konkret wie möglich zu formulieren (z.B. *Ich werde Tim beschreibend loben, wenn er meiner Anweisung nachkommt. Ich werde Anweisungen maximal einmal wiederholen, bevor ich eine Konsequenz einsetze. Außerdem werde ich die Konsequenz folgen lassen, ohne mit Tim darüber zu diskutieren.*).

Denken Sie daran, Fernseher und andere Bildschirmgeräte während der praktischen Übung ausgeschaltet zu lassen und nicht zu telefonieren (es sei denn, dies ist etwas, das Sie gezielt üben möchten). So haben Sie mehr Zeit, sich mit Ihrem Kind zu befassen.

Übung 1 Zeitpunkt und Ziele für eine praktische Übung

Wählen Sie einen Zeitpunkt aus, an dem Sie 20 Minuten Zeit für eine praktische Übung haben.

Tag .... Datum .... Uhrzeit ....

Notieren Sie hier Ihre Ziele für die dritte praktische Übung:

....

....

....

....

Woche 6

Eine praktische Übung entwerfen

Überlegen Sie, wie Sie Ihre praktische Übung so gestalten können, dass Sie Ihre Ziele auch erreichen. Wenn Sie sich zum Beispiel vorgenommen haben, Ihr Kind zu loben, können Sie Ihre Aufmerksamkeit zumindest zeitweilig auf etwas anderes lenken – so ergibt sich eventuell die Gelegenheit, Ihr Kind dafür zu loben, dass es selbstständig spielt. Wenn Sie üben möchten, ruhige, klare Anweisungen zu geben, planen Sie die Übung für einen Zeitraum, in dem Sie grundsätzlich viele Anweisungen geben. Wenn Sie die Erziehungsfertigkeiten zum Umgang mit herausforderndem Verhalten üben möchten, wählen Sie eine Tageszeit oder eine Aktivität, bei der das unerwünschte Verhalten wahrscheinlich ist. Oft genügt es schon, Ihrem Kind eine Weile keine Aufmerksamkeit zu schenken und sich mit etwas anderem zu beschäftigen, sodass es selbstständig spielen muss.

Übung 2 Eine praktische Übung planen

Notieren Sie, wie Sie die 20 Minuten der praktischen Übung gestalten möchten (z.B. *Zwischen 17 Uhr und 17:30 Uhr ist eine gute Zeit zum Üben, denn es ist schwer für die Kinder, friedlich miteinander zu spielen, während ich mit der Vorbereitung des Abendessens beschäftigt bin. Außerdem müssen sie auch ihre Aufgaben im Haushalt erledigen.*).

....

....

....

....

Sich bei der Umsetzung der Erziehungsfertigkeiten beobachten

Wenn Sie sich Ziele gesetzt und die praktische Übung genauer geplant haben, können Sie beginnen. Vielleicht hilft es Ihnen, sich eine Stoppuhr zu stellen (z.B. mit einem Wecker oder einem Smartphone), damit Sie wissen, wann die 20 Minuten vorbei sind oder wann es Zeit ist, zu einer anderen Aktivität überzugehen (z.B. nach 10 Minuten).

Übung 3 Im Blick behalten, was Sie tun

Versuchen Sie während der praktischen Übung darauf zu achten, ob Sie Ihre Ziele erreichen. Es kann hilfreich sein, sich während der Übung mit Hilfe der „Checkliste für eine praktische Übung" und den übrigen Checklisten auf den folgenden Seiten an die Schritte zum Umgang mit typischen herausfordernden Verhaltensweisen zu erinnern. Sie können aber auch nach der Übung auf die Checklisten zurückgreifen, um zu sehen, wie gut Ihre Übung geklappt hat. Die Checklisten helfen Ihnen herauszufinden, welche Schritte Sie gut gemacht haben und welche Schritte Sie vielleicht vergessen haben oder noch üben müssen. Daraus lassen sich wiederum neue Ziele für Veränderungen ableiten. Sie können die Checklisten aber auch jederzeit zur Unterstützung nehmen, falls eines der genannten Probleme auftritt. Kopiervorlagen für die Checklisten finden Sie am Ende des Buches im Abschnitt „Arbeitsblätter".

Checkliste für die praktische Übung

Anleitung: Notieren Sie Ihre Ziele für die praktische Übung. Formulieren Sie diese so konkret wie möglich. Ein konkretes Ziel ist zum Beispiel „mindestens dreimal beschreibend loben". Halten Sie in der Checkliste fest, ob Sie Ihre Ziele erreicht haben. Beschreiben Sie, was gut geklappt hat und welche Schwierigkeiten aufgetreten sind.

ZIEL 1:

....

....

ZIEL 2:

....

....

ZIEL 3:

....

....

Woche 6

	ZIEL ERREICHT? JA/NEIN	KOMMENTARE
ZIEL 1		
ZIEL 2		
ZIEL 3		

Checkliste zum Umgang mit häufigem Unterbrechen und Stören

Anleitung: Sie können diese Checkliste nutzen, wenn Ihr Kind Sie bei einem Gespräch oder einer Beschäftigung unterbricht. Notieren Sie für jeden einzelnen Schritt, ob Sie ihn durchgeführt haben (J) oder nicht (N). Es kann auch sein, dass ein Schritt nicht anwendbar war (NA).

	TAG						
SCHRITTE	SCHRITT AUSGEFÜHRT?						
1. Gewinnen Sie die Aufmerksamkeit ihres Kindes — sprechen Sie es mit seinem Namen an.							
2. Sagen Sie ihm ruhig, womit es aufhören und was es stattdessen tun soll — *Unterbrich mich jetzt nicht. Warte, bis ich fertig bin und frag' dann noch mal.*							
3. Wenn Ihr Kind wartet, bis Sie fertig sind oder eine Pause machen, loben Sie es für das Warten und schenken Sie ihm dann Aufmerksamkeit.							
4. Wenn Ihr Kind nicht tut, wozu Sie es aufgefordert haben, sagen Sie ihm, was es falsch gemacht hat und welche Konsequenz das hat — *Du unterbrichst mich weiterhin. Du hast jetzt eine Minute ruhige Zeit.* Vermeiden Sie, darüber zu diskutieren oder sich deswegen zu streiten.							
5. Wenn Ihr Kind während der ruhigen Zeit nicht ruhig ist, sagen Sie ihm, was es falsch gemacht hat und welche Konsequenz das hat — *Du verhältst dich nicht ruhig in der ruhigen Zeit. Jetzt gehst du für eine Minute in die Auszeit.* Vermeiden Sie, darüber zu diskutieren oder sich deswegen zu streiten. Bringen Sie Ihr Kind geradewegs in die Auszeit.							
6. Beenden Sie die ruhige Zeit bzw. Auszeit, wenn Ihr Kind die vereinbarte Zeit ruhig war. Unterstützen Sie es dabei, sich zu beschäftigen oder angemessen zu verhalten.							
7. Loben Sie Ihr Kind, sobald es sich angemessen verhält.							
ANZAHL ERFOLGREICH DURCHGEFÜHRTER SCHRITTE:							

Checkliste zum Umgang mit Streiten/nicht mit anderen teilen wollen

Anleitung: Sie können diese Checkliste nutzen, wenn Ihr Kind sich streitet, nicht mit anderen teilen oder sich beim Spielen nicht abwechseln möchte. Notieren Sie für jeden einzelnen Schritt, ob Sie ihn durchgeführt haben (J) oder nicht (N). Es kann auch sein, dass ein Schritt nicht anwendbar war (NA).

	TAG						
SCHRITTE	SCHRITT AUSGEFÜHRT?						
1. Gewinnen Sie die Aufmerksamkeit ihres Kindes — sprechen Sie es mit seinem Namen an.							
2. Sagen Sie ihm, womit es aufhören und was es stattdessen tun soll — *Hört auf zu streiten. Wechselt euch beim Spielen ab.*							
3. Loben Sie Ihr Kind, wenn es tut, wozu Sie es aufgefordert haben.							
4. Wenn Ihr Kind nicht tut, wozu Sie es aufgefordert haben, sagen Sie ihm, was es falsch gemacht hat und welche Konsequenz das hat — *Ihr habt euch nicht abgewechselt, so wie ich es gesagt habe. Jetzt nehme ich das Spiel für zwei Minuten weg.* Vermeiden Sie, darüber zu diskutieren oder sich deswegen zu streiten.							
5. Ignorieren Sie Ihr Kind absichtlich, wenn es Ihnen widerspricht oder sich darüber beschwert.							
6. Geben Sie das Spielzeug zurück bzw. ermöglichen Sie die Beschäftigung erneut, wenn die vereinbarte Zeit vorbei ist.							
7. Loben Sie Ihr Kind dafür, dass es sich abwechselt oder einigt und helfen Sie ihm gegebenenfalls dabei.							
8. Wenn das Problem erneut auftritt, wiederholen Sie die Konsequenz für eine längere Zeitspanne oder setzen Sie die ruhige Zeit ein.							
ANZAHL ERFOLGREICH DURCHGEFÜHRTER SCHRITTE:							

Checkliste zum Umgang mit aggressivem Verhalten

Anleitung: Sie können diese Checkliste nutzen, wenn Ihr Kind sich aggressiv verhält. Notieren Sie für jeden einzelnen Schritt, ob Sie ihn durchgeführt haben (J) oder nicht (N). Es kann auch sein, dass ein Schritt nicht anwendbar war (NA).

	TAG						
SCHRITTE	SCHRITT AUSGEFÜHRT?						
1. Gewinnen Sie die Aufmerksamkeit Ihres Kindes — sprechen Sie es mit seinem Namen an.							
2. Sagen Sie ihm, womit es aufhören und was es stattdessen tun soll — *Hör' auf zu schlagen! Behalte deine Hände bei dir und sag' mit ruhiger Stimme, was du möchtest!*							
3. Loben Sie Ihr Kind, wenn es tut, wozu Sie es aufgefordert haben.							
4. Wenn Ihr Kind nicht tut, wozu Sie es aufgefordert haben, sagen Sie ihm, was es falsch gemacht hat und welche Konsequenz das hat — *Du schlägst immer noch. Geh' jetzt für zwei Minuten in die ruhige Zeit.* Wenn nötig, bringen Sie Ihr Kind in die ruhige Zeit. Diskutieren Sie nicht darüber.							
5. Wenn Ihr Kind während der ruhigen Zeit nicht ruhig ist, sagen Sie ihm, was es falsch gemacht hat und welche Konsequenz das hat — *Du verhältst dich nicht ruhig in der ruhigen Zeit. Geh' jetzt für zwei Minuten in die Auszeit.* Bringen Sie es direkt in die Auszeit.							
6. Beenden Sie die ruhige Zeit bzw. Auszeit, wenn Ihr Kind die vereinbarte Zeit ruhig war. Unterstützen Sie es dabei, sich zu beschäftigen oder angemessen zu verhalten.							
7. Loben Sie Ihr Kind, sobald es sich angemessen verhält.							
ANZAHL ERFOLGREICH DURCHGEFÜHRTER SCHRITTE:							

Woche 6

Checkliste zum Umgang mit Wutanfällen

Anleitung: Sie können diese Checkliste nutzen, wenn Ihr Kind einen Wutanfall bekommt. Notieren Sie für jeden einzelnen Schritt, ob Sie ihn durchgeführt haben (J) oder nicht (N). Es kann auch sein, dass ein Schritt nicht anwendbar war (NA).

	TAG						
SCHRITTE	SCHRITT AUSGEFÜHRT?						
ENTWEDER a) Wenden Sie absichtliches Ignorieren an, wenn Ihr Kind jünger als 2 Jahre ist. ODER B) Gewinnen Sie die Aufmerksamkeit Ihres Kindes so gut Sie können und folgen sie den folgenden Schritten.							
1. Gewinnen Sie die Aufmerksamkeit Ihres Kindes. Sagen Sie ihm, womit es aufhören und was es stattdessen tun soll — *Hör' auf zu schreien. Sprich mit ruhiger Stimme.*							
2. Loben Sie Ihr Kind, wenn es tut, wozu Sie es aufgefordert haben.							
3. Wenn Ihr Kind nicht tut, wozu Sie es aufgefordert haben, sagen Sie ihm, was es falsch gemacht hat und welche Konsequenz das hat — *Du hast nicht getan, was ich gesagt habe. Geh' jetzt für eine Minute in die Auszeit.* Diskutieren Sie nicht darüber. Bringen Sie Ihr Kind direkt in die Auszeit.							
4. Beenden Sie die Auszeit, wenn Ihr Kind die vereinbarte Zeit ruhig war. Unterstützen Sie es dabei, sich zu beschäftigen oder angemessen zu verhalten.							
5. Loben Sie Ihr Kind, sobald es sich angemessen verhält.							
ANZAHL ERFOLGREICH DURCHGEFÜHRTER SCHRITTE:							

Woche 6

Checkliste zum Umgang mit Quengeln und Jammern

Anleitung: Sie können diese Checkliste nutzen, wenn Ihr Kind quengelt oder jammert. Notieren Sie für jeden einzelnen Schritt, ob Sie ihn durchgeführt haben (J) oder nicht (N). Es kann auch sein, dass ein Schritt nicht anwendbar war (NA).

	TAG						
SCHRITTE	SCHRITT AUSGEFÜHRT?						
1. Gewinnen Sie die Aufmerksamkeit Ihres Kindes — sprechen Sie es mit seinem Namen an.							
2. Sagen Sie ihm, womit es aufhören und was es stattdessen tun soll — *Hör' auf zu quengeln. Sag' mit normaler Stimme, was du möchtest.*							
3. Loben Sie Ihr Kind, wenn es tut, wozu Sie es aufgefordert haben.							
4. Wenn Ihr Kind nicht tut, wozu Sie es aufgefordert haben, sagen Sie ihm, was es falsch gemacht hat und welche Konsequenz das hat — *Du hast nicht aufgehört zu quengeln. Ich packe das Eis jetzt für zwei Minuten weg. Frag' danach noch mal.* Vermeiden Sie, darüber zu diskutieren oder sich deswegen zu streiten.							
5. Ignorieren Sie Ihr Kind absichtlich, wenn es Ihnen widerspricht oder sich darüber beschwert.							
6. Wenn die Zeit um ist und Ihr Kind aufgehört hat zu quengeln, loben Sie es, weil es ruhig ist, und geben Sie ihm Gelegenheit zu sagen, was es möchte.							
7. Wenn Ihr Kind angemessen sagt, was es möchte, loben Sie es und erfüllen Sie ihm wenn möglich seinen Wunsch.							
8. Wenn das Problem erneut auftritt, wiederholen Sie die Konsequenz für eine längere Zeitspanne oder setzen Sie die ruhige Zeit ein.							
ANZAHL ERFOLGREICH DURCHGEFÜHRTER SCHRITTE:							

Rückschau halten

Nehmen Sie sich nach der 20-minütigen Übung etwas Zeit und überlegen Sie, was Sie gut gemacht haben, und ob es etwas gibt, was Sie beim nächsten Mal anders machen möchten. Ihre ausgefüllten Checklisten können Ihnen als Grundlage für die Übung 4 dienen.

Übung 4 Rückschau halten

Was haben Sie Ihrer Meinung nach bei der praktischen Übung gut gemacht? Versuchen Sie, mindestens zwei Punkte aufzuschreiben, die gut geklappt haben (z.B. *Ich bin ruhig geblieben und habe klare Anweisungen gegeben. Ich habe Tim und Jan beschreibend gelobt, wenn sie die Anweisungen befolgt haben. Außerdem habe ich Anweisungen maximal einmal wiederholt, bevor ich eine Konsequenz eingesetzt habe.*). Beziehen Sie sich dabei auf die Ziele, die Sie in Übung 1 aufgestellt haben. Welche Ziele haben Sie erreicht?

Was war schwierig? Was hätten Sie Ihrer Meinung nach anders machen können, damit die Übung noch besser verläuft? Überlegen Sie sich ein oder zwei konkrete Dinge, die Sie gerne anders machen würden, falls Sie die Übung noch einmal wiederholen (z.B. *Ich will noch darauf achten, wann ich Anweisungen gebe. Ich möchte die Jungs erst dann zu etwas auffordern, wenn sie das Spiel oder die Aufgabe, mit der sie gerade beschäftigt sind, beendet haben.*). Denken Sie an die Ziele, die Sie sich in Übung 1 gesetzt haben. Gibt es ein Ziel, das Sie nicht erreicht haben?

Hier können Sie noch weitere Aspekte notieren, die für Sie während der praktischen Übung wichtig oder schwierig waren.

Zusammenfassung

In dieser Woche hatten Sie erneut Gelegenheit, die positiven Erziehungsfertigkeiten auszuprobieren und zu üben. Außerdem haben Sie Ihr eigenes Verhalten beim Umsetzen der Fertigkeiten beobachtet und reflektiert. So konnten Sie Ihre Stärken und Bereiche für Verbesserungen erkennen und sich Ziele für Veränderungen setzen.

Woche 6

Aufgabe

- Notieren Sie die Erziehungsfertigkeiten, die Sie für den Rest der Woche üben möchten. Formulieren Sie konkrete Ziele und berücksichtigen Sie dabei Ihre Ziele für Veränderungen aus der letzten praktischen Übung (z.B. „Warten, bis die Kinder ihre Beschäftigung beendet haben, bevor ich eine Anweisung gebe.“).

Mögliche Zusatzaufgabe

Es ist sinnvoll, das Verhalten Ihres Kindes weiter zu beobachten und die Ergebnisse in eine Verhaltenskurve zu übertragen. Sie können die Beobachtung des ausgewählten Verhaltens beenden, wenn es über einen Zeitraum von ca. fünf Tagen auf einem Niveau geblieben ist, mit dem Sie zufrieden sind. Wenn Sie möchten, können Sie dann ein anderes Verhalten beobachten.

Themen der nächsten Woche

In der siebten Woche werden „Überlebenstipps" für Familien vorgestellt, die die Erziehung zusätzlich vereinfachen sollen. Außerdem werden Sie Aktivitätenpläne kennenlernen, die Ihnen dabei helfen sollen, sogenannte Risikosituationen zu bewältigen, also Situationen, in denen es besonders schwierig ist, ruhig auf das Verhalten von Kindern zu reagieren.

Vorausplanen

Überblick

Vielleicht stellen Sie bereits jetzt schon positive Veränderungen im Verhalten Ihres Kindes fest. Oft gibt es jedoch bestimmte Zeiten oder Situationen, in denen der Umgang mit dem Verhalten von Kindern besonders schwierig ist – dies sind sogenannte Risikosituationen. Es handelt sich dabei häufig um Situationen, die nicht für Kinder gemacht sind (z.B. weil zu wenig Beschäftigungs- und Spielmöglichkeiten vorhanden sind). Risikoreich sind auch Situationen, in denen Eltern viele Dinge gleichzeitig tun müssen oder in denen Zeitdruck herrscht (z.B. morgens, wenn sich alle für die Schule oder die Arbeit fertig machen). Weitere typische Risikosituationen sind z.B. Einkaufen gehen, Besuche machen, in einer Schlange anstehen oder lange Auto- oder Zugfahrten. In solchen Situationen kann es helfen, ein wenig vorauszuplanen. In dieser Woche lernen Sie Überlebenstipps für Familien kennen und wie Sie Ihre eigenen Risikosituationen mit Hilfe von Aktivitätenplänen vorausplanen können.

Am Ende der siebten Woche sollten Sie in der Lage sein:

- sich das Elternsein durch die Nutzung der Überlebenstipps für Familien zu erleichtern,
- Risikosituationen zu erkennen, in denen der Umgang mit Ihrem Kind voraussichtlich schwieriger ist als sonst (zu Hause und in der Öffentlichkeit) und

- eigene Aktivitätenpläne für zwei Risikosituationen zu erstellen, einzusetzen und Fortschritte im Blick zu behalten.

Überlebenstipps für Familien

Es ist leichter, den Bedürfnissen Ihres Kindes gerecht zu werden, wenn Sie sich auch um Ihre eigenen Bedürfnisse kümmern. Hier sind weitere Ideen, die die Erziehung und Begleitung Ihres Kindes einfacher machen können.

Arbeiten Sie zusammen

Die Erziehung fällt leichter, wenn sich alle Bezugspersonen (Eltern, Tagesmutter, Lehrer, Großeltern usw.) in Erziehungsfragen einig sind und an einem Strang ziehen. Unterstützen Sie sich daher und bestärken Sie sich gegenseitig für Ihre Bemühungen bei der Erziehung. Bevor Sie neue Erziehungsfertigkeiten ausprobieren, sprechen Sie am besten mit Ihrem Partner und anderen Bezugspersonen Ihres Kindes darüber. Reden Sie miteinander, wenn Sie sich in Erziehungsthemen nicht einig sind und helfen Sie sich gegenseitig, wenn Sie können.

Vermeiden Sie Streitereien vor Ihrem Kind

Kinder spüren es, wenn es einen Konflikt zwischen ihren Mitmenschen gibt. Es kann Kinder sehr belasten, wenn Uneinigkeiten nicht konstruktiv gelöst werden und wenn immer wieder Streitigkeiten aufkommen. Wenn Sie einen größeren Konflikt mit Ihrem Partner haben, versuchen Sie, diesen in Abwesenheit Ihres Kindes zu lösen.

Holen Sie sich Unterstützung

Alle Eltern brauchen ab und zu Hilfe und Unterstützung bei der Erziehung und Begleitung ihrer Kinder. Partner, Familienangehörige, Nachbarn und Freunde können da meist gute Unterstützung bieten. Tauschen Sie sich z.B. über Erziehungsfragen oder über Ihre Erfahrungen aus.

Gönnen Sie sich eine Pause

Alle Eltern brauchen mal Zeit für sich - ohne ihre Kinder. Das ist normal und gesund. Wenn Ihr Kind gut betreut wird und Sie ihm viel positive Aufmerksamkeit schenken und regelmäßig wertvolle Zeit mit ihm verbringen, schadet es ihm nicht, wenn Sie sich von Zeit zu Zeit eine Pause gönnen. Entscheidend ist nicht die Dauer, sondern die Intensität und Qualität der von Eltern und Kindern gemeinsam verbrachten Zeit.

Übung 1 Für sich selbst sorgen

Auf wen können Sie sich verlassen, wenn Sie Unterstützung brauchen?

Familie ……………………………………………………………………………

Freunde ……………………………………………………………………………

Mit wem können Sie mindestens einmal pro Woche sprechen oder telefonieren?

……………………………………………………………………………

Notieren Sie Dinge, die Sie gerne tun (entweder alleine, mit Ihrem Partner oder mit Freunden).

……………………………………………………………………………

……………………………………………………………………………

Wann könnten Sie sich in der nächsten Woche eine Pause gönnen? Wen könnten Sie fragen, ob er in dieser Zeit auf Ihr Kind aufpasst?

……………………………………………………………………………

……………………………………………………………………………

……………………………………………………………………………

Risikosituationen

Risikosituationen sind Situationen, in denen Sie das Verhalten Ihres Kindes weiterhin als Herausforderung empfinden oder in denen Sie das Gefühl haben, weniger Einfluss auf die Situation nehmen zu können. Viele Eltern finden es schwierig, die positiven Erziehungsfertigkeiten anzuwenden, wenn sie mehrere Anforderungen gleichzeitig bewältigen müssen oder wenn sie in Eile sind. Schwierige Situationen sind auch solche, in denen das Erziehungsverhalten von anderen beobachtet werden kann (z.B. beim Einkaufen oder bei Besuchen), in denen es schwierig ist, die üblichen Konsequenzen einzusetzen (z.B. weil kein Raum für die Auszeit zur Verfügung steht) oder in denen es wenige Beschäftigungsmöglichkeiten für Kinder gibt. Diese Situationen stellen eine besondere Herausforderung für Eltern dar und werden deshalb Risikosituationen genannt.

Woche 7

Übung 2 Risikoreiche Erziehungssituationen erkennen

Überlegen Sie, welche Situationen besonders schwierig für Sie sind (sogenannte Risikosituationen) – sowohl zu Hause als auch unterwegs. Markieren Sie die Situationen, die für Ihre Familie von Bedeutung sind. Am Ende der Liste können Sie weitere Situationen ergänzen. Schätzen Sie außerdem für jede Situation ein, wie zuversichtlich sie sind, ruhig und konsequent auf das Verhalten ihres Kindes reagieren zu können (1 = überhaupt nicht zuversichtlich, 10 = extrem zuversichtlich).

Situationen zu Hause	✔	Zuversicht
• aufwachen, aufstehen	☐	☐
• sich anziehen	☐	☐
• frühstücken, Mittag oder Abendbrot essen	☐	☐
• sich waschen oder auf die Toilette gehen	☐	☐
• wenn ich beschäftigt bin (z.B. Kochen, Gespräche)	☐	☐
• sich fertig machen, um wegzugehen (z.B. zur Schule, zum Einkaufen)	☐	☐
• wenn Besuch kommt	☐	☐
• drinnen oder draußen selbstständig spielen	☐	☐
• beim Fernsehen	☐	☐
• wenn ich telefoniere	☐	☐
• wenn ich das Essen vorbereite	☐	☐
• von der Schule nach Hause kommen	☐	☐
• wenn ein Elternteil von der Arbeit kommt	☐	☐
• sich ausziehen und „bettfertig" machen	☐	☐
• schlafen gehen	☐	☐
•	☐	☐
•	☐	☐
•	☐	☐

Situationen unterwegs	✔	Zuversicht
• Freunde oder Verwandte besuchen	☐	☐
• Familienausflüge (z.B. an einen See)	☐	☐
• Geburtstagsfeiern oder andere Feste	☐	☐
• Hochzeiten/Taufen/Beerdigungen	☐	☐
• Urlaub	☐	☐
• Essen gehen	☐	☐
• Arzt- /Zahnarztbesuche	☐	☐
• längere Autofahrten	☐	☐
• öffentliche Verkehrsmittel benutzen	☐	☐

	✔	Zuversicht
• im Supermarkt einkaufen	☐	☐
• Stadtbummel	☐	☐
• zur Bank gehen	☐	☐
• wenn das Kind im Kindergarten/in der Schule bleiben soll	☐	☐
• wenn das Kind alleine beim Babysitter/anderen Betreuenden bleiben soll	☐	☐
•	☐	☐
•	☐	☐
•	☐	☐

Aktivitätenpläne

Sie können vielen Problemen vorbeugen, wenn Sie Ihre persönlichen Risikosituationen vorausplanen. Dabei kommt es besonders darauf an, interessante Beschäftigungen für Ihr Kind zu planen, um Langeweile und herausforderndes Verhalten zu verhindern, und Ihrem Kind klar zu sagen, was Sie sich von ihm wünschen.

Am besten ist es, wenn Sie den Einsatz eines Aktivitätenplans zunächst üben. Wählen Sie dazu einen Zeitpunkt, an dem Sie sich ganz in Ruhe auf den Aktivitätenplan konzentrieren können und zeigen Sie Ihrem Kind, wie er funktioniert. Überlegen Sie, wann, wo und mit wem Sie eine solche Übung durchführen könnten. Setzen Sie sich anfangs einfache Ziele und arbeiten Sie sich dann nach und nach an schwierigere Situationen heran (z.B. zuerst ein zehnminütiger Besuch bei Freunden, der dann allmählich weiter ausgedehnt wird).

Die folgenden Schritte bilden die Grundlage eines Aktivitätenplans zum Umgang mit Risikosituationen:

Bereiten Sie sich vor

Überlegen Sie, welche Planungen oder Vorbereitungen Sie im Vorfeld der Risikosituation erledigen können. Legen Sie alles bereit, was Sie für die Situation benötigen werden (z.B. verschiedene Beschäftigungsmöglichkeiten, eine Punktekarte, Aufkleber und kleine Belohnungen), und erledigen Sie so viel wie möglich bereits am Vorabend, um Hektik in letzter Minute zu vermeiden (z.B. Tasche packen, etwas zu essen vorbereiten). Wenn Sie Ausflüge vorbereiten, sollten Sie die Zeiten so planen, dass der Alltag Ihres Kindes (z.B. Mahlzeiten und Schlafenszeiten), möglichst wenig durcheinander gebracht wird.

Sprechen Sie über Regeln

Bereiten Sie Ihr Kind vor, indem Sie ihm den Ablauf der zu erwartenden Situation schildern. Legen Sie Regeln für das Verhalten fest, das Sie von Ihrem Kind erwarten und besprechen Sie die Regeln vorher in Ruhe mit ihm (Regeln für Autofahrten könnten z.B. sein: *Die ganze Zeit angeschnallt bleiben; Mit ruhiger Stimme sprechen; Füße und Hände bei sich behalten*). Fragen Sie Ihr Kind, ob es alles verstanden hat, und bitten Sie es, die Regeln zu wiederholen. Unterstützen Sie es dabei gegebenenfalls und loben Sie es. Erinnern Sie Ihr Kind kurz bevor Sie sich in die Risikosituation begeben an die Regeln.

Überlegen Sie sich interessante Beschäftigungen

Sorgen Sie dafür, dass Ihr Kind während der Risikosituation beschäftigt ist. Schreiben Sie sich eine Liste interessanter Aktivitäten. Ermutigen Sie Ihr Kind auch dazu, sich selbst Beschäftigungen auszusuchen. Anfänglich braucht es dabei vielleicht Unterstützung. Nutzen Sie alle Gelegenheiten, in denen Sie zusammen Spaß haben können und sorgen Sie mit Hilfe von beiläufigem Lernen dafür, dass Ihr Kind länger spielt und beschäftigt bleibt (z.B. mit ihrem Kind reden und Fragen stellen; kleine Rätsel ausdenken; Dinge zählen oder benennen; „Ich sehe was, was du nicht siehst" spielen usw.).

Belohnen Sie angemessenes Verhalten

Überlegen Sie sich - möglichst gemeinsam mit Ihrem Kind - kleine Belohnungen, die es bekommt, wenn es sich an die Regeln hält. Die Belohnungen sollten leicht und schnell umsetzbar sein. Es kann sinnvoll sein, besondere Punktekarten für bestimmte Risikosituationen zu erstellen. Wenn Sie Ihrem Kind die Regeln erklären, sagen Sie ihm auch, welche Belohnungen es sich verdienen kann, wenn es sich daran hält. Fragen Sie nach, ob es noch weitere Ideen für Belohnungen oder Fragen hat und loben Sie es für seine Mitarbeit beim Vorausplanen. Loben Sie Ihr Kind während der Risikosituation häufig für wünschenswertes Verhalten und geben Sie ihm die vereinbarte Belohnung, wenn es sich an die Regeln hält (z.B. auf dem Weg nach Hause eine Viertelstunde am Spielplatz anhalten).

Setzen Sie Konsequenzen bei herausforderndem Verhalten ein

Überlegen Sie sich Konsequenzen, die Sie einsetzen können, wenn Ihr Kind sich nicht an die Regeln hält. Erklären Sie ihm diese, wenn Sie über die Regeln und Belohnungen sprechen. Achten Sie darauf, dass die Konsequenzen leicht und schnell umsetzbar sind (eine ruhige Zeit beim Einkaufen könnte z.B. bedeuten, dass Ihr Kind dort, wo es sich gerade befindet, ruhig warten muss - falls das Verhalten sich dort verschlimmert, kann es sein, dass Sie Ihr Kind vor das Geschäft oder ins Auto setzen und sich neben es stellen und warten müssen).

Führen Sie eine Nachbesprechung durch

Besprechen Sie mit Ihrem Kind nach der Risikosituation, wie der Plan funktioniert hat. Loben Sie Ihr Kind für das Einhalten der Regeln und benennen Sie gegebenenfalls eine Regel, die es vergessen hat zu befolgen. Sprechen Sie auch über andere Dinge, die Sie oder Ihr Kind gerne ändern möchten und setzen Sie sich ein Ziel für das nächste Mal. (z.B. *Du hast das wirklich toll gemacht heute beim Bäcker, als du die ganze Zeit in meiner Nähe geblieben bist. Lass uns doch beim nächsten Mal schauen, ob du es auch schaffst, beim Bäcker ruhig zu sprechen.*)

Im Folgenden finden Sie ein Beispiel für einen Aktivitätenplan für das Einkaufen im Supermarkt, bei dem Sie sehen können, wie die einzelnen Schritte sich zusammenfügen.

Beispiel für einen Aktivitätenplan

Die Risikosituation erkennen

- Im Supermarkt einkaufen

Eine Übung planen (Wann, wo, wer sollte dabei sein)

- Dienstag nach dem Mittagessen
- Ein kurzer Einkauf in einem kleinen Supermarkt, um Brot, Milch und Saft zu besorgen
- Nur Nils und ich

Vorausplanen und vorbereiten

- Verhindern, dass Schlaf- oder Essenszeiten durcheinander gebracht werden
- Kleinigkeit zum Essen und Trinken einpacken
- Einkaufsliste schreiben

Regeln festlegen

- In der Nähe bleiben
- Fragen, bevor ich etwas anfasse
- Im Laden leise gehen

Interessante Beschäftigungen auswählen

- Produkte suchen (in verschiedenen Gängen)
- Eine eigene Einkaufsliste
- Sachen in den Einkaufswagen legen
- Über Farben, Preise, Formen oder Größen reden; Gänge zählen
- Einkaufsliste oder Dinge halten, die eingekauft werden sollen

Belohnungen für angemessenes Verhalten

- Loben
- Den Einkaufswagen schieben
- Etwas allein mit Mama oder Papa unternehmen (z.B. einen Ausflug in den Park)

Konsequenzen für herausforderndes Verhalten

- Direktes Ansprechen
- Klare, ruhige Anweisung, aufzuhören und sagen, was Nils stattdessen tun soll
- Ruhige Zeit im Gang, an der Kasse oder auf dem Parkplatz
- Keine Belohnung

Nachbesprechung und Ziele für das nächste Mal

- Nils ist in der Nähe des Einkaufswagens geblieben
- Ziel für Nils: an der Kasse die Hände bei sich behalten
- Ziel für mich: Nils an die Regeln erinnern, bevor wir zur Kasse kommen und mehr beiläufiges Lernen nutzen

Woche 7

Übung 3 Einen Aktivitätenplan entwerfen

Nun haben Sie die Möglichkeit, einen eigenen Aktivitätenplan zu entwerfen. Erarbeiten Sie den Aktivitätenplan für eine der Risikosituationen, die Sie in der Liste auf S. 114/115 angekreuzt haben.

Aktivitätenplan

Risikosituation

Eine Übung planen (Wann? Wo? Mit wem?)

Vorausplanen und vorbereiten

Regeln festlegen

Interessante Beschäftigungen auswählen

Belohnungen für angemessenes Verhalten

Konsequenzen für herausforderndes Verhalten

Nachbesprechung und Ziele für das nächste Mal

Zusammenfassung

In dieser Woche haben Sie Überlebenstipps für Familien kennengelernt, die Ihnen den Familienalltag erleichtern sollen. Des Weiteren wurden sechs Schritte zur Planung von Risikosituationen vorgestellt:

- Sich vorbereiten und vorausplanen
- Über Regeln sprechen
- Interessante Beschäftigungen auswählen
- Angemessenes Verhalten belohnen
- Konsequenzen bei herausforderndem Verhalten einsetzen
- Die Situation nachbesprechen

Aufgabe

- Wählen Sie zwei eigene Risikosituationen aus und entwickeln Sie für jede Situation einen Aktivitätenplan. Versuchen Sie, beide Aktivitätenpläne in der nächsten Woche mindestens einmal auszuprobieren. Auf den Seiten 121 und 122 finden Sie Vorlagen für Aktivitätenpläne, auf den Seiten 123 und 124 Vorlagen für Checklisten. Notieren Sie die einzelnen Schritte der Aktivitätenpläne in den Checklisten und schreiben Sie auf, ob Sie die Schritte durchlaufen haben oder nicht. Im Abschnitt „Arbeitsblätter" am Ende dieses Buches finden Sie zusätzliche Kopiervorlagen für Aktivitätenpläne und Checklisten. Notieren Sie die beiden Risikosituationen, für die Sie in der kommenden Woche Aktivitätenpläne erstellen und ausprobieren möchten:

....

....

....

....

Mögliche Zusatzaufgabe

Es ist sinnvoll, das Verhalten Ihres Kindes weiter zu beobachten und die Ergebnisse in eine Verhaltenskurve zu übertragen. Sie können die Beobachtung des ausgewählten Verhaltens beenden, wenn es über einen Zeitraum von ca. fünf Tagen auf einem Niveau geblieben ist, mit dem Sie zufrieden sind. Wenn Sie möchten, können Sie dann ein anderes Verhalten beobachten.

Themen der nächsten Woche

In Woche 8 und 9 wird es darum gehen, die in dieser Woche eingeführten Aktivitätenpläne weiter einzusetzen und zu üben. Sie werden ermutigt, weitere Aktivitätenpläne für Risikosituationen aufzustellen und auszuprobieren. Anschließend sollen Sie Rückschau halten, was dabei gut geklappt hat und wie Sie Ihren Plan vielleicht noch verbessern können.

Aktivitätenplan

Risikosituation

Eine Übung planen (Wann? Wo? Mit wem?)

Vorausplanen und vorbereiten

Regeln festlegen

Interessante Beschäftigungen auswählen

Belohnungen für angemessenes Verhalten

Konsequenzen für herausforderndes Verhalten

Nachbesprechung und Ziele für das nächste Mal

Aktivitätenplan

Risikosituation

Eine Übung planen (Wann? Wo? Mit wem?)

Vorausplanen und vorbereiten

Regeln festlegen

Interessante Beschäftigungen auswählen

Belohnungen für angemessenes Verhalten

Konsequenzen für herausforderndes Verhalten

Nachbesprechung und Ziele für das nächste Mal

Checkliste für Aktivitätenpläne

Risikosituation:...

Anleitung: Notieren Sie jeweils beim Auftreten der Situation, ob Sie die einzelnen Schritte durchgeführt haben (Ja) oder nicht (Nein). Es kann auch sein, dass ein Schritt nicht anwendbar war (NA).

	TAG						
SCHRITTE	SCHRITTE DURCHGEFÜHRT?						
1.							
2.							
3.							
4.							
5.							
6.							
ANZAHL DURCHGEFÜHRTER SCHRITTE							

Checkliste für Aktivitätenpläne

Risikosituation: ....

Anleitung: Notieren Sie jeweils beim Auftreten der Situation, ob Sie die einzelnen Schritte durchgeführt haben (Ja) oder nicht (Nein). Es kann auch sein, dass ein Schritt nicht anwendbar war (NA).

	TAG						
SCHRITTE	SCHRITTE DURCHGEFÜHRT?						
1.							
2.							
3.							
4.							
5.							
6.							
ANZAHL DURCHGEFÜHRTER SCHRITTE							

Woche 7

Aktivitätenpläne umsetzen 1

Überblick

In den nächsten zwei Wochen geht es darum, die Fertigkeiten, die Sie in der letzten Woche kennengelernt haben, weiter umzusetzen. Ihre Hauptaufgabe in dieser Woche wird sein, einzuschätzen, wie erfolgreich Sie mit Ihren Aktivitätenplänen gewesen sind und gegebenenfalls Veränderungen vorzunehmen. Anschließend entwickeln Sie weitere Aktivitätenpläne für Risikosituationen.

Am Ende der achten Woche sollten Sie in der Lage sein:

- sich Ziele zu setzen und dazu praktische Übungen zu machen,
- bei Bedarf Aktivitätenpläne für Risikosituationen zu entwerfen, umzusetzen und zu beobachten, wie sie funktionieren,
- sich Informationen zu aufkommenden Erziehungsfragen selbstständig zu besorgen und
- sich gegebenenfalls Unterstützung von Familienmitgliedern oder Freunden zu holen.

Rückschau auf die Umsetzung der Aktivitätenpläne halten

Übung 1 Rückschau halten

Welche Aufgaben haben Sie in der letzten Woche durchgeführt?

....

....

....

....

Was hat gut geklappt? Bitte überlegen Sie sich ganz konkret mindestens zwei positive Punkte. Vielleicht hilft es Ihnen, in Ihrer Checkliste für Aktivitätenpläne nachzusehen.

....

....

....

Gibt es irgendetwas, das Sie hätten anders machen können? Vielleicht fallen Ihnen in Ihrer Checkliste für Aktivitätenpläne Schritte auf, die Sie nicht durchgeführt haben oder bei denen Sie noch etwas verbessern könnten.

....

....

....

Weitere Planung

Übung 2 Weitere Aktivitätenpläne entwerfen

Sehen Sie nach, welche Risikosituationen Sie in der Liste auf Seite 114/115 angekreuzt haben, und entwerfen Sie einen oder zwei weitere Aktivitätenpläne. Auf den nächsten beiden Seiten finden Sie die entsprechenden Vorlagen.

Aktivitätenplan

Risikosituation

Eine Übung planen (Wann? Wo? Mit wem?)

Vorausplanen und vorbereiten

Regeln festlegen

Interessante Beschäftigungen auswählen

Belohnungen für angemessenes Verhalten

Konsequenzen für herausforderndes Verhalten

Nachbesprechung und Ziele für das nächste Mal

Aktivitätenplan

Risikosituation

Eine Übung planen (Wann? Wo? Mit wem?)

Vorausplanen und vorbereiten

Regeln festlegen

Interessante Beschäftigungen auswählen

Belohnungen für angemessenes Verhalten

Konsequenzen für herausforderndes Verhalten

Nachbesprechung und Ziele für das nächste Mal

Zusammenfassung

Wenn es in dieser Woche etwas gab, das Sie weiter verfolgen möchten, können Sie es hier notieren.

....

....

....

....

Aufgabe

- Versuchen Sie, den neuen Aktivitätenplan/die neuen Aktivitätenpläne in der nächsten Woche mindestens einmal auszuprobieren. Auf den Seiten 130 und 131 finden Sie Vorlagen für Checklisten. Im Abschnitt „Arbeitsblätter" am Ende dieses Buches gibt es zusätzliche Kopiervorlagen.

Mögliche Zusatzaufgabe

Es ist sinnvoll, das Verhalten Ihres Kindes weiter zu beobachten und die Ergebnisse in eine Verhaltenskurve zu übertragen. Sie können die Beobachtung des ausgewählten Verhaltens beenden, wenn es über einen Zeitraum von ca. fünf Tagen auf einem Niveau geblieben ist, mit dem Sie zufrieden sind. Wenn Sie möchten, können Sie dann ein anderes Verhalten beobachten.

Themen der nächsten Woche

In der neunten Woche haben Sie ein letztes Mal die Möglichkeit, Aktivitätenpläne für Risikosituationen zu entwickeln und umzusetzen. Sie beobachten Ihre Fortschritte beim Umsetzen der Erziehungsfertigkeiten und passen gegebenenfalls einzelne Aspekte an.

Checkliste für Aktivitätenpläne

Risikosituation: ....

Anleitung: Notieren Sie jeweils beim Auftreten der Situation, ob Sie die einzelnen Schritte durchgeführt haben (Ja) oder nicht (Nein). Es kann auch sein, dass ein Schritt nicht anwendbar war (NA).

	TAG						
SCHRITTE	SCHRITTE DURCHGEFÜHRT?						
1.							
2.							
3.							
4.							
5.							
6.							
ANZAHL DURCHGEFÜHRTER SCHRITTE							

Woche 8

Checkliste für Aktivitätenpläne

Risikosituation: ....

Anleitung: Notieren Sie jeweils beim Auftreten der Situation, ob Sie die einzelnen Schritte durchgeführt haben (Ja) oder nicht (Nein). Es kann auch sein, dass ein Schritt nicht anwendbar war (NA).

	TAG						
SCHRITTE	SCHRITTE DURCHGEFÜHRT?						
1.							
2.							
3.							
4.							
5.							
6.							
ANZAHL DURCHGEFÜHRTER SCHRITTE							

Woche 8

Aktivitätenpläne umsetzen 2

Überblick

In dieser Woche geht es darum, Ihre Aktivitätenpläne weiter umzusetzen. Sie schätzen ein, wie erfolgreich Sie mit ihnen gewesen sind und nehmen gegebenenfalls Veränderungen vor. Anschließend entwickeln Sie weitere Aktivitätenpläne für Risikosituationen.

Am Ende der neunten Woche sollten Sie in der Lage sein:

- sich Ziele zu setzen und dazu praktische Übungen zu machen,
- bei Bedarf Aktivitätenpläne für Risikosituationen zu entwerfen, umzusetzen und zu beobachten, wie sie funktionieren,
- sich Informationen zu aufkommenden Erziehungsfragen selbstständig zu besorgen und
- sich gegebenenfalls Unterstützung von Familienmitgliedern oder Freunden zu holen.

Rückschau auf die Umsetzung der Aktivitätenpläne halten

Übung 1 Rückschau halten

Welche Aufgaben haben Sie in der letzten Woche durchgeführt?

Was hat gut geklappt? Bitte überlegen Sie sich ganz konkret mindestens zwei positive Punkte. Vielleicht hilft es Ihnen, in Ihrer Checkliste für Aktivitätenpläne nachzusehen.

Gibt es irgendetwas, das Sie hätten anders machen können? Vielleicht fallen Ihnen in Ihrer Checkliste für Aktivitätenpläne Schritte auf, die Sie nicht durchgeführt haben oder bei denen Sie noch etwas verbessern könnten.

Weitere Planung

Übung 2 Weitere Aktivitätenpläne entwerfen

Sehen Sie nach, welche Risikosituationen Sie in der Liste auf Seite 114/115 angekreuzt haben, und entwerfen Sie einen oder zwei weitere Aktivitätenpläne. Auf den nächsten beiden Seiten finden Sie die entsprechenden Vorlagen.

Aktivitätenplan

Risikosituation

Eine Übung planen (Wann? Wo? Mit wem?)

Vorausplanen und vorbereiten

Regeln festlegen

Interessante Beschäftigungen auswählen

Belohnungen für angemessenes Verhalten

Konsequenzen für herausforderndes Verhalten

Nachbesprechung und Ziele für das nächste Mal

Aktivitätenplan

Risikosituation

Eine Übung planen (Wann? Wo? Mit wem?)

Vorausplanen und vorbereiten

Regeln festlegen

Interessante Beschäftigungen auswählen

Belohnungen für angemessenesVerhalten

Konsequenzen für herausforderndes Verhalten

Nachbesprechung und Ziele für das nächste Mal

Zusammenfassung

Wenn es in dieser Woche etwas gab, das Sie weiter verfolgen möchten, können Sie es hier notieren.

....

....

....

....

Aufgabe

- Versuchen Sie, den neuen Aktivitätenplan/die neuen Aktivitätenpläne in der nächsten Woche mindestens einmal auszuprobieren. Auf den Seiten 138 und 139 finden Sie Vorlagen für Checklisten. Im Abschnitt „Arbeitsblätter" am Ende dieses Buches gibt es zusätzliche Kopiervorlagen.

Mögliche Zusatzaufgabe

Beobachten Sie noch einmal das Verhalten Ihres Kindes, mit dem Sie in der ersten Woche begonnen haben. So können Sie erkennen, welche Veränderungen aufgetreten sind, seit Sie begonnen haben, mit diesem Buch zu arbeiten.

Themen der nächsten Woche

In der nächsten Woche überlegen Sie, was sich bei Ihnen seit Beginn des Triple P-Programms verändert hat und ob Sie die Ziele, die Sie sich am Anfang gesetzt haben, erreichen konnten. Außerdem machen Sie sich Gedanken, wie Sie die erreichten Veränderungen aufrechterhalten können, wenn das Triple P-Programm beendet ist.

Checkliste für Aktivitätenpläne

Risikosituation: ....

Anleitung: Notieren Sie jeweils beim Auftreten der Situation, ob Sie die einzelnen Schritte durchgeführt haben (Ja) oder nicht (Nein). Es kann auch sein, dass ein Schritt nicht anwendbar war (NA).

	TAG						
SCHRITTE	SCHRITTE DURCHGEFÜHRT?						
1.							
2.							
3.							
4.							
5.							
6.							
ANZAHL DURCHGEFÜHRTER SCHRITTE							

Woche 9

Checkliste für Aktivitätenpläne

Risikosituation:. ....

Anleitung: Notieren Sie jeweils beim Auftreten der Situation, ob Sie die einzelnen Schritte durchgeführt haben (Ja) oder nicht (Nein). Es kann auch sein, dass ein Schritt nicht anwendbar war (NA).

	TAG						
SCHRITTE	SCHRITTE DURCHGEFÜHRT?						
1.							
2.							
3.							
4.							
5.							
6.							
ANZAHL DURCHGEFÜHRTER SCHRITTE							

Woche 9

Programmabschluss

Überblick

Dies ist die letzte Woche des Triple P-Programms. In dieser Woche überprüfen Sie, welche Fortschritte Sie im Verlauf des Programms gemacht haben. Es wird darum gehen, wie Sie das Programm allmählich beenden und die erreichten Fortschritte aufrechterhalten können. Außerdem überlegen Sie sich Ziele für die Zukunft und wie Sie diese erreichen können.

Am Ende der zehnten Woche sollten Sie in der Lage sein:

- verschiedene positive Erziehungsfertigkeiten zu nutzen – sowohl zu Hause als auch unterwegs,
- sich gegebenenfalls Unterstützung von der Familie oder von Freunden zu holen,
- Aktivitätenpläne für Risikosituationen zu entwickeln,
- Veränderungen im Verhalten Ihres Kindes und in Ihrem eigenen Verhalten, die seit Beginn des Triple P-Programms eingetreten sind, zu erkennen,
- bisher erreichte Veränderungen aufrechtzuerhalten und
- sich weitere Ziele für Veränderungen im Verhalten Ihres Kindes und in Ihrem eigenen Verhalten zu setzen und zu überlegen, wie Sie diese erreichen können.

Rückblick auf die Umsetzung der Aktivitätenpläne

Übung 1 Rückblick

Welche Aufgaben haben Sie in der letzten Woche durchgeführt?

....

....

....

....

....

Was hat gut geklappt? Bitte überlegen Sie sich ganz konkret mindestens zwei positive Punkte. Vielleicht hilft es Ihnen, in Ihrer Checkliste für Aktivitätenpläne nachzusehen.

....

....

....

....

....

Gibt es irgendetwas, das Sie hätten anders machen können? Vielleicht fallen Ihnen in Ihrer Checkliste für Aktivitätenpläne Schritte auf, die Sie nicht durchgeführt haben oder bei denen Sie noch etwas verbessern könnten.

....

....

....

....

....

Das Programm ausklingen lassen

Während des Programms haben Sie einiges unternommen, das in Ihrem alltäglichen Familienleben sonst wahrscheinlich nicht vorkommt (zum Beispiel Hausaufgaben machen, Ihr eigenes Verhalten und das Ihres Kindes beobachten oder sich über Wochen mit diesem Arbeitsbuch beschäftigen). Das Programm zu beenden bedeutet unter anderem, diese Aktivitäten ausklingen zu lassen. Damit ist natürlich nicht gemeint, dass Sie alles wieder genauso machen sollen wie vor der Arbeit mit diesem Buch. Vielmehr ist es wichtig, dass Sie die oben genannten Aktivitäten nach und nach weglassen, ohne dabei wieder in alte Gewohnheiten zurückzufallen. Die folgenden Schritte sollen Ihnen das Ausklingen des Programms erleichtern:

Legen Sie Ihre Triple P-Unterlagen beiseite

Legen Sie die Triple P-Unterlagen an einen gut erreichbaren Ort, sodass Sie sie von Zeit zu Zeit wieder zur Hand nehmen können. Vielleicht mögen Sie die Abschnitte markieren, die Ihnen am meisten geholfen haben, sodass Sie die entsprechenden Stellen später schnell wiederfinden können.

Lassen Sie die Verhaltensbeobachtung ausklingen

Während des Programms wurden Sie dazu angeregt, Ihr eigenes Verhalten und das Ihres Kindes im Blick zu behalten und zu protokollieren. Im alltäglichen Leben ist das eher unüblich. Wenn Sie Ihre Fortschritte zur Zeit noch beobachten, dann fragen Sie sich, wie gut Sie die neuen Verhaltensweisen bereits auf den Alltag übertragen konnten. Falls Sie den Eindruck haben, dass Sie die neuen Verhaltensweisen auch ohne systematische Beobachtung aufrechterhalten können, dann ist es an der Zeit, mit der Verhaltensbeobachtung aufzuhören. Wenn Sie sich unsicher sind, können Sie die Verhaltensbeobachtung auch langsam ausklingen lassen. Beobachten Sie Ihr Verhalten oder das Ihres Kindes z.B. nicht mehr jeden Tag, sondern nur noch einmal pro Woche. Arbeiten Sie auf jeden Fall darauf hin, die Verhaltensbeobachtung zu beenden, sobald sich die neuen Verhaltensweisen gefestigt haben.

Lassen Sie bestimmte Erziehungsfertigkeiten ausklingen

Verschaffen Sie sich einen Überblick über die Erziehungsfertigkeiten, die Sie momentan anwenden (z.B. Punktekarten). Entscheiden Sie, ob diese allmählich vereinfacht und ausgeschlichen werden können. Einige der Erziehungsfertigkeiten (z.B. sehr häufig für ein bestimmtes Verhalten loben), sind hilfreich, um Verhaltensänderungen zu bewirken. Um das veränderte Verhalten dann aufrecht zu erhalten, ist es jedoch am besten, wenn das Verhalten nur noch hin und wieder überraschend belohnt wird und nicht jedes Mal. Lassen Sie Punktekarten oder Belohnungen jedoch nur schrittweise ausklingen. Achten Sie dabei darauf, dass es im Leben Ihres Kindes noch genügend andere Dinge gibt, für die es Belohnung und Anerkennung erfährt. Denn herausforderndes Verhalten kann wieder auftreten, wenn Kinder nicht genügend Anerkennung und Unterstützung für angemessenes Verhalten bekommen.

Besprechen Sie regelmäßig die Fortschritte in Ihrer Familie

Während des Programms haben Sie sich jede Woche oder sogar täglich mit den Schwierigkeiten und Zielen Ihrer Familie beschäftigt. Dies brauchen Sie nun nicht mehr so häufig tun. Trotzdem sollten Sie im Auge behalten, wie es in Ihrer Familie läuft. Wenn Sie Ihre Fortschritte von Zeit zu Zeit überprüfen (am besten mindestens einmal im Monat), können Sie mögliche Schwierigkeiten rechtzeitig erkennen und etwas dagegen unternehmen, bevor ernsthafte Probleme daraus entstehen.

Bilanz ziehen

Zu Beginn des Triple P-Programms haben Sie sich Ziele für Veränderungen im Verhalten Ihres Kindes und in Ihrem eigenen Verhalten gesetzt.

Übung 2 Sich einen Überblick über die erreichten Veränderungen verschaffen

Nehmen Sie sich einen Moment Zeit und notieren Sie alle Veränderungen, die sich seit Beginn des Triple P-Programms in Ihrem Verhalten und in dem Ihres Kindes ergeben haben. Sie können dazu auch noch einmal Ihre Ziele für Veränderungen anschauen, die Sie auf S.17 in diesem Arbeitsbuch formuliert haben.

VERÄNDERUNGEN IM VERHALTEN IHRES KINDES	VERÄNDERUNGEN IN IHREM EIGENEN VERHALTEN

Wir gratulieren Ihnen zu den Fortschritten, die Sie bei sich und Ihrem Kind erreicht haben!

Veränderungen aufrechterhalten

Dies ist die letzte Woche des Triple P-Programms – daher ist es Zeit zu überlegen, wie Sie die Veränderungen, die Sie seit Beginn des Programms erreicht haben, aufrechterhalten können. Sie haben viel für diese Veränderungen getan. Die Herausforderung besteht nun darin, weiter daran zu arbeiten, dass zukünftigen Problemen vorgebeugt und schnell entgegengewirkt werden kann.

Mögliche Hindernisse

Fortschritte, die durch ein Programm wie Triple P erreicht wurden, können auch wieder verloren gehen. Im Folgenden finden Sie mögliche Ursachen dafür:

Veränderungen in der Familie

Das Triple P-Programm hat Ihnen geholfen, Ihren Umgang mit dem Verhalten Ihres Kindes zu verändern. Die Ziele, die Sie verfolgt haben, beziehen sich natürlich auf Ihre jetzige Familiensituation. Familien ändern sich jedoch im Laufe der Zeit. Sie reifen und entwickeln sich und sie verändern ihre Größe und Zusammenstellung. Typischerweise ergeben sich familiäre Veränderungen, wenn ein Kind geboren wird, wenn sich die Arbeitsbedingungen der Eltern ändern (z.B. Rückkehr in den Job, Arbeitsplatzwechsel oder Arbeitsplatzverlust) oder wenn sich die Familienstruktur verändert (z.B. wenn Eltern sich trennen oder eine neue Beziehung eingehen). Auch heranwachsende Kinder, die immer neue Entwicklungsstadien durchlaufen, bringen Veränderungen in eine Familie.

Entwicklungsstadien der Kinder

Wenn Kinder sich weiterentwickeln, ändern sich meist auch die herausfordernden Verhaltensweisen, denen ihre Eltern sich gegenüber sehen (von Wutanfällen bei Kleinkindern über Schüchternheit bis hin zu Problemen mit den Hausaufgaben bei Schulkindern). Eltern zu sein erfordert, flexibel zu sein. Die Erziehungsfertigkeiten müssen mit den sich verändernden Schwierigkeiten Schritt halten (deswegen ist in der zweiten und dritten Woche auch bei allen Erziehungsfertigkeiten angegeben, für welches Alter sie geeignet sind). Erziehungsfertigkeiten, die Sie jetzt als hilfreich empfinden, können in sechs Monaten oder sechs Jahren unter Umständen nicht mehr so hilfreich für Sie sein. Allerdings bleiben die grundlegenden Prinzipien der Positiven Erziehung dieselben – egal, wie alt Ihr Kind ist. Kinder werden sich in einer liebevollen, unterstützenden und vorhersehbaren Umgebung immer am besten entwickeln können.

Risikozeiten

Es kann Zeiten in Ihrem Leben geben, in denen es schwierig ist, die Veränderungen, die Sie durch Triple P erreicht haben, aufrecht zu erhalten. So zeigen wissenschaftliche Studien, dass sich die Qualität des Familienlebens in stressigen Zeiten verschlechtert. Solche stressigen Zeiten werden deshalb auch Risikozeiten genannt. Beispiele für Risikozeiten sind Todesfälle in der Familie, ernsthafte Erkrankungen von Familienmitgliedern, Arbeitsplatzverluste oder andere einschneidende Lebensereignisse. Sie alle beeinflussen, wie sich die Mitglieder einer Familie fühlen und wie sie miteinander zurechtkommen. Sie wirken sich z.B. darauf aus, wie Eltern mit ihren Kindern reden, wie viel Zeit sie mit anderen verbringen, wie tolerant sie gegenüber herausforderndem Verhalten sind und wie sie - auch vorbeugend – mit diesem umgehen. Während dieser Zeiten kann es passieren, dass Eltern es nicht schaffen, die positiven Erziehungsfertigkeiten anzuwenden und stattdessen in alte, wenig hilfreiche Erziehungsgewohnheiten verfallen. Zu den häufigsten Risikosituationen gehören:

- Veränderungen der Familienzusammensetzung (Geburt eines Kindes, Trennung der Eltern, neue Beziehung)
- Veränderungen der finanziellen Situation der Familie
- Zeiten, in denen Eltern deprimiert oder bedrückt sind
- Zeiten, in denen es ungelöste familiäre Konflikte gibt
- Umzüge
- Zeiten, in denen Eltern Stress auf der Arbeit haben
- Schulwechsel
- Todes- oder Krankheitsfälle in der Familie
- Probleme mit dem Gesetz oder juristische Angelegenheiten

Ein weiterer Risikozeitraum sind häufig die ersten Tage nach Beendigung des Triple P-Programms. Leider geht die harte Arbeit nämlich auch dann noch weiter, wenn das Programm vorbei ist.

Ideen zur Aufrechterhaltung der erreichten Veränderungen

Indem Sie vorausplanen und umsichtig sind, können Sie möglichen Problemen, die mit Veränderungen in Ihrer Familie, der Weiterentwicklung Ihrer Kinder oder mit Risikozeiten in Zusammenhang stehen, vorbeugen oder sie minimieren. Es gibt im Wesentlichen vier Möglichkeiten, um Fortschritte aufrechtzuerhalten und Rückschritte zu vermeiden.

Planen Sie Risikozeiten im Voraus

Ein wirksamer Weg zur Vorbeugung von Problemen besteht darin, den Umgang mit möglicherweise schwierigen Zeiten zu planen, bevor sie entstehen. Genauso wie Sie bei einem anstehenden Ausflug Beschäftigungen für Ihr Kind einplanen, damit es sich nicht langweilt und daneben benimmt, sollten Sie auch für zukünftige Situationen, die schwierig werden könnten, vorausplanen. Sie können bereits jetzt damit beginnen: In dieser Woche haben Sie Gelegenheit, über mögliche Risikozeiten der nächsten Monate nachzudenken. Wenn Sie sich Lösungswege für den Umgang mit solchen Zeiten überlegen, können Sie Problemen vorbeugen oder sie minimieren.

Überprüfen Sie regelmäßig die Fortschritte in Ihrer Familie

Wenn Sie die Fortschritte in Ihrer Familie regelmäßig überprüfen, ist die Wahrscheinlichkeit, dass Sie neue Probleme schnell erkennen, größer. Außerdem sind Sie dadurch in der Lage, angemessen auf Schwierigkeiten zu reagieren, sodass Sie weitere Probleme verhindern können. Überprüfen Sie die Fortschritte zunächst alle zwei Wochen, später dann nur noch einmal pro Monat.

Reagieren Sie sofort, wenn Schwierigkeiten auftreten

Es ist wichtig, dass Sie sofort reagieren, sobald Probleme auftauchen. Sie können dann bestimmte Erziehungsfertigkeiten (z.B. Aktivitätenpläne oder Punktekarten) erneut einsetzen oder auch die Triple P-Materialien noch mal zur Hand nehmen und Erziehungsfertigkeiten nachschlagen oder neue Anregungen suchen.

Probieren Sie neue Erziehungsfertigkeiten aus

Wenn die Erziehungsfertigkeiten, die Sie einsetzen, nicht mehr wirken, sollten Sie neue Wege gehen. Führen Sie sich dann noch einmal vor Augen, was Sie ohnehin schon wissen: Schenken Sie Ihrem Kind viel Aufmerksamkeit und Anerkennung, wenn es sich angemessen verhält, und entziehen Sie Ihre Aufmerksamkeit, wenn es sich daneben benimmt. Versuchen Sie, bewährte Erziehungsfertigkeiten auf die neue Situation zu übertragen. Probieren Sie sie dann etwa 10 bis 14 Tage aus, behalten Sie Ihre Fortschritte im Blick und passen Sie sie unter fortgesetzter Beobachtung gegebenenfalls weiter an.

Hier sind einige Regeln zur Auswahl angemessener Konsequenzen:

- *Konsequenzen sollten sich auf das problematische Verhalten beziehen.* Wenn die eingesetzte Konsequenz sich direkt auf das problematische Verhalten bezieht, lernen Kinder, was sie falsch gemacht haben. Wenn sich zwei Kinder z.B. um ein Spielzeug streiten und ihnen das Spielzeug als Konsequenz abgenommen wird, lernen sie, dass der Streit um das Spielzeug nicht in Ordnung ist. Falls Ihnen keine Konsequenz einfällt, die direkt mit dem Verhalten in Verbindung steht, können Sie Ihrem Kind auch ein Privileg entziehen. Wichtig ist, dass Sie Ihrem Kind erklären, warum Sie so handeln.
- *Konsequenzen sollten das Kind motivieren, angemessenes Verhalten zu zeigen.* Kinder können nur dann zu angemessenem Verhalten motiviert werden, wenn sie auch die Chance haben, es zu zeigen. Zum Beispiel hat ein Kind, das drei Wochen Hausarrest erhält, weil es zu spät nach Hause gekommen ist, weder die Möglichkeit noch einen Anreiz, sich in naher Zukunft angemessen zu verhalten. Eine bessere Konsequenz wäre es, dem Kind pro fünf Minuten Verspätung je eine halbe Stunde von der Zeit abzuziehen, die es am nächsten Tag draußen spielen darf (z.B. darf das Kind ohne Verspätung am nächsten Tag bis 17:00 Uhr draußen spielen, bei fünf Minuten Verspätung muss es am nächsten Tag dann um Uhr 16:30 Uhr zu Hause sein, bei zehn Minuten Verspätung um 16:00 Uhr usw.). Diese Konsequenzen motivieren das Kind dazu, am nächsten Tag pünktlich zu sein. Auch einem Kind, das bei den Hausaufgaben fernsieht, sollte kein Fernsehverbot für die nächsten zwei Wochen verhängt werden. Besser ist es, dem Kind das Fernsehen nur noch abends zu erlauben, nachdem die Hausaufgaben erledigt sind.
- *Konsequenzen sollten sich nach dem Alter und Entwicklungsstand des Kindes richten.* Passen Sie die Konsequenzen dem Alter und den Fähigkeiten Ihres Kindes an. So sollten Konsequenzen bei jüngeren Kindern generell kürzer sein als bei älteren Kindern. Ältere Kinder reagieren z.B. auf folgende Konsequenzen: weniger Taschengeld, zusätzliche Arbeiten im Haushalt, weniger Computerzeit, weniger Zeit zum Spielen oder weniger Zeit mit den Freunden nach der Schule verbringen.

- *Konsequenzen sollten das Selbstwertgefühl eines Kindes nicht gefährden.* Konsequenzen, die hart sind, zu lange dauern oder physische Gewalt und Beschimpfungen beinhalten, können Ihrem Kind schaden. Viele verhaltensauffällige Kinder leiden unter einem geringen Selbstwertgefühl, sind ängstlich oder niedergeschlagen. Bestrafungen können das Selbstwertgefühl dieser Kinder weiter verschlechtern. Vermeiden Sie Konsequenzen, die Ihr Kind bloßstellen (reagieren Sie z.B. nicht in Anwesenheit von Besuchern auf unerwünschtes Verhalten, sondern verlassen Sie dazu möglichst den Raum mit Ihrem Kind), verhindern Sie, dass Geschwister Ihr Kind in der Auszeit ärgern und vermeiden Sie, Ihr Kind zu beschämen oder als Person zu kritisieren.
- *Konsequenzen sollten umsetzbar sein.* Sprechen Sie keine Konsequenz aus, wenn Sie nicht bereit sind, diese auch umzusetzen. Wenn Sie Ihrem Kind z.B. sagen, dass es nicht am Familienausflug teilnehmen darf, weil es sich daneben benommen hat, sollten Sie auch wirklich einen Babysitter für das Kind organisieren und den Ausflug alleine mit dem Rest der Familie machen. Die meisten Familien würden diese Konsequenz für zu hart und zu kompliziert in der Umsetzung halten.
- *Konsequenzen sollten sofort ausgeführt werden.* Grundsätzlich können Kinder ihr Handeln besser mit einer Konsequenz in Verbindung bringen und schneller daraus lernen, wenn die Konsequenz direkt ausgeführt wird. Angenommen, Ihr Kind quengelt während einer langen Autofahrt: Halten Sie an und führen Sie sofort eine ruhige Zeit durch, anstatt abzuwarten, bis Sie Ihr Fahrziel erreicht haben.
- *Konsequenzen sollten konsistent angewendet werden.* Kinder lernen schneller, die Folgen ihres Verhaltens einzuschätzen, wenn auf ein bestimmtes herausforderndes Verhalten jedes Mal die gleiche Konsequenz folgt. Dabei ist es hilfreich, wenn sich alle an der Erziehung beteiligten Personen aufeinander abstimmen und gleich reagieren. Um zu verhindern, dass sich ein Kind ungerecht behandelt fühlt, sollten Sie versuchen, mit allen Kindern in Ihrer Familie gleich zu verfahren. Wenden Sie dazu ähnliche Konsequenzen für ähnliches herausforderndes Verhalten an. Denken Sie aber daran, die Konsequenzen jeweils an das Alter und den Entwicklungsstand der Kinder anzupassen. Wenden Sie Konsequenzen beständig an, unabhängig von Entschuldigungen oder Ausreden des Kindes. So lernen Ihre Kinder, Ihre Entscheidungen ohne Jammern und Diskussionen zu akzeptieren und ihr Handeln im Vorhinein zu überdenken.

Zukünftige Probleme lösen

■ Übung 3 Für zukünftige Risikozeiten vorausplanen

Nehmen Sie sich einige Minuten Zeit und überlegen Sie sich mögliche Lösungen für die folgenden Situationen. Was würden Sie jeweils tun?

Ihr Achtjähriger ist in den vergangenen drei Wochen wiederholt in Schwierigkeiten geraten, weil er Mitspieler seiner Fußballmannschaft angeschrien und getreten hat. Sie sorgen sich, dass Ihr Sohn aus der Mannschaft geworfen wird, wenn seine Wutausbrüche anhalten.

Ihre elfjährige Tochter wird in der Schule geärgert. Zwei Mädchen beschimpfen sie seit einiger Zeit regelmäßig und lassen sie nicht mehr mitspielen. Sie kommt immer häufiger weinend nach Hause und klagt morgens vor der Schule über Bauchschmerzen und Übelkeit. Mittlerweile wertet sie sich auch schon selbst ab (nennt sich z.B. dumm und hässlich) und traut sich nichts mehr zu.

In drei Wochen beginnen die Sommerferien. Dies bedeutet, dass Ihre drei Kinder sechs Wochen lang zu Hause sein werden. Sie befürchten Streitereien und dass Ihre Kinder sich über Langeweile beklagen werden.

Übung 4 Zukünftige Risikozeiten erkennen

Welche Risikozeiten könnten in den nächsten sechs Monaten auf Sie zukommen? (z.B. Zahnarztbesuch, Schulwechsel, ein Elternteil kehrt in seinen Beruf zurück)

....

....

....

....

....

....

....

....

Übung 5 Eigenständiges Problemlösen

Entwerfen Sie nun selbstständig einen Aktivitätenplan für eine der soeben notierten Risikozeiten. Benutzen Sie dazu das Arbeitsblatt auf der nächsten Seite.

Woche 10

Checkliste für Aktivitätenpläne

Risikosituation: ....

Anleitung: Notieren Sie jeweils beim Auftreten der Situation, ob Sie die einzelnen Schritte durchgeführt haben (Ja) oder nicht (Nein). Es kann auch sein, dass ein Schritt nicht anwendbar war (NA).

	TAG						
SCHRITTE	SCHRITTE DURCHGEFÜHRT?						
1.							
2.							
3.							
4.							
5.							
6.							
ANZAHL DURCHGEFÜHRTER SCHRITTE							

Woche 10

Übung 6 Ziele für die Zukunft

Welche Ziele haben Sie in Bezug auf Ihr Erziehungsverhalten und das Verhalten Ihres Kindes? Achten Sie darauf, diese Ziele konkret zu formulieren (z.B. „mit ruhiger Stimme sprechen", „weniger freche Antworten geben").

....

....

....

....

....

....

Was könnten Sie tun, um diese Ziele zu erreichen? Überlegen Sie, wie eine praktische Übung hierfür aussehen könnte.

....

....

....

....

....

....

Zusammenfassung

In dieser Woche haben Sie sich die Fortschritte vor Augen geführt, die Sie und Ihr Kind seit Beginn des Triple P-Programms erreicht haben, und Sie haben sich damit beschäftigt, wie Sie diese Fortschritte aufrechterhalten können. Des Weiteren wurde beschrieben, wie sich Problemen in zukünftigen Risikozeiten vorbeugen lässt. Abschließend haben Sie sich einige Ziele für die Zukunft gesetzt und überlegt, wie Sie diese erreichen können.

Aufgabe

- Wenden Sie die positiven Erziehungsfertigkeiten weiterhin an.
- Legen Sie die Triple P-Materialien zur Seite und verzichten Sie nach und nach auf die Beobachtungsbögen und Checklisten.

• Entwickeln und benutzen Sie weiterhin Aktivitätenpläne für Risikosituationen.

....

....

....

....

Mögliche Zusatzaufgabe

Notieren Sie sich hier weitere Aufgaben, die Sie erledigen wollen oder Materialien, die Sie sich noch einmal anschauen möchten:

....

....

....

....

Herzlichen Glückwunsch

Sie haben das Triple P-Programm nun abgeschlossen. Wir möchten uns dafür bedanken, dass Sie die ganze Zeit motiviert und interessiert geblieben sind. Wir hoffen, dass es Ihnen Spaß gemacht hat und dass Sie vom Ansatz der Positiven Erziehung profitiert haben. Versuchen Sie, Ihre Erfolge aufrecht zu erhalten. Wenn Ihr Kind älter wird, werden zwangsläufig neue Situationen und Schwierigkeiten aufkommen. Nehmen Sie dann dieses Arbeitsbuch oder andere Triple P-Materialien zur Hand, um die bereits gelernten Erziehungsfertigkeiten wieder aufzufrischen oder um sich Anregungen für den Umgang mit neuen herausfordernden Verhaltensweisen zu holen. Scheuen Sie sich nicht, fachlichen Rat einzuholen, falls Ihnen die Entwicklung Ihres Kindes oder die familiäre Situation in Zukunft Sorgen bereitet. Vielen Dank für Ihre Teilnahme am Triple P-Programm. Wir hoffen, dass es sich für Sie gelohnt hat und dass es eine wertvolle Erfahrung gewesen ist.

Wie geht es weiter?

Wenn Sie das Programm beendet haben und das Gefühl haben, dass es weiterhin Probleme mit dem Verhalten Ihres Kindes, Ihrem eigenen Wohlbefinden oder mit der Beziehung zu Ihrem Partner gibt, sollten Sie sich professionelle Unterstützung suchen. Kontaktieren Sie Ihren Hausarzt, Ihren Kinderarzt oder einen Mitarbeiter des Kindergartens oder der Schule Ihres Kindes, um herausfinden, wo Ihnen weitergeholfen werden kann. Sie können sich auch auf der Internetseite www.triplep-eltern.de nach weiterführenden Angeboten von Triple P erkundigen oder z.B. im Internet nach einer psychologischen Beratungsstelle suchen.

Lösungsmöglichkeiten zu den Übungen

Woche 1

Übung 6 Verhalten beobachten

Vorgeschlagene Beobachtungsbögen für:

- Wie oft ein Kind ein anderes beißt.

Wenn das Beißen weniger als fünf Mal am Tag vorkommt, kann ein Verhaltenstagebuch eingesetzt werden. Andernfalls ist ein Häufigkeitsbogen besser geeignet. Es können auch beide Beobachtungsbögen kombiniert werden, sodass zusätzlich zum Häufigkeitsbogen für eine der Situationen, in denen das Kind gebissen hat, ein Verhaltenstagebuch ausgefüllt wird. So lässt sich mehr über die Auslöser und die Konsequenzen des Beißens herausfinden. Ein Zeitdauerprotokoll wäre in diesem Fall nicht so gut geeignet, da Beißen ein Verhalten ist, das plötzlich auftritt und schnell wieder vorbei ist. Wenn das Verhalten häufiger als 15-mal am Tag auftritt, ist auch ein Zeitabschnittbogen geeignet.

- Wie lange ein Kind braucht, um sich zu beruhigen, wenn es ohne die Eltern woanders bleiben soll.

Ein Zeitdauerprotokoll würde zeigen, wie lange ein Kind protestiert und weint, wenn es bei jemand anderem bleiben soll. In diesem Fall müsste derjenige, der das

Kind betreut, den Beobachtungsbogen ausfüllen, weil die Mutter oder der Vater nicht anwesend sind. Da das Verhalten nur einmal am Tag auftritt, sind weder ein Häufigkeitsbogen noch ein Zeitabschnittbogen geeignet. Ein Verhaltenstagebuch wäre gut geeignet, um mehr über die Auslöser und die Konsequenzen des Protests zu erfahren.

- Wie oft ein Kind quengelt, besonders abends vor dem Essen.

Beim Quengeln ist es oft schwer zu sagen, wann es aufhört und wieder beginnt, weil es beinahe anzudauern scheint. Daher ist in diesem Fall ein Zeitabschnittbogen am besten zur Verhaltensbeobachtung geeignet. Eine Möglichkeit besteht darin, die Zeit zwischen 15:30 Uhr und 18:00 Uhr in 15-Minuten-Intervalle zu unterteilen und zu beobachten, ob während dieser Intervalle Quengeln auftritt oder nicht. Wenn das Verhalten häufig auftritt, sind weder ein Häufigkeitsbogen noch ein Verhaltenstagebuch gut zur Beobachtung geeignet. Auch ein Zeitdauerprotokoll ist eher ungeeignet, da Quengeln meist immer wieder aufhört und erneut beginnt, aber nicht unbedingt durchgehend auftreten muss.

- Wie oft ein Kind Dinge kaputtmacht.

Da es sich gut beobachten lässt, wie ein Kind etwas kaputtmacht, sind ein Häufigkeitsbogen oder ein Verhaltenstagebuch am besten geeignet. Es ist eher unwahrscheinlich, dass dieses Verhalten so häufig auftritt oder so lange andauert, dass ein Zeitabschnittbogen oder ein Zeitdauerprotokoll sinnvoll wären.

- Wie oft ein Kind Widerworte gibt oder frech ist.

In Abhängigkeit davon, wie häufig dieses Verhalten auftritt, kann ein Verhaltenstagebuch (Verhalten tritt weniger als 5 mal am Tag auf), ein Häufigkeitsbogen (bis 15 mal am Tag) oder ein Zeitabschnittbogen (mehrmals pro Stunde) angewendet werden. Ein Zeitdauerprotokoll ist eher nicht angebracht, da dieses Verhalten meist plötzlich auftaucht und schnell wieder vorbei ist.

Woche 2

Übung 8 Beiläufiges Lernen

- Wenn Ihr Kind Fragen stellt, insbesondere „Warum"-Fragen (z.B. *Warum ist der Mond heute Nacht rund?*).

Auf „Warum"-Fragen könnten Sie so etwas antworten wie *Was meinst du, warum der Mond heute Nacht rund aussieht und in anderen nicht?...Weißt du noch, was du in der Schule über die Sonne und die Sterne gelernt hast?... Wir können immer nur den Teil des Mondes sehen, der von der Sonne angestrahlt wird...Genau, der Mond ist immer rund, aber wir nehmen ihn in unterschiedlichen Formen wahr, je nachdem, wie er von der Sonne angeleuchtet wird. In welchen Formen sehen wir den Mond denn sonst noch?*.

- Wenn Ihr Kind ein Wort falsch ausspricht (z.B. *Sagetti* statt *Spaghetti*).

Wenn Ihr Kind ein Wort falsch ausspricht, könnten Sie zum Beispiel sagen: *Ja, Daniel, wir essen heute zum Mittag Spaghetti. Spa-ghet-ti, genau.*

- Wenn Ihr Kind Ihnen etwas zeigen will (z.B. *Guck Dir mein Bild an!*).

Sie könnten zum Beispiel sagen: *Das ist ein tolles Bild. Erzähl mir etwas darüber... Was macht diese Person da? Wo gehen die Leute hin?*.

- Wenn Ihr Kind etwas nicht alleine schafft und Sie um Hilfe bittet (z.B. *Ich kann das Puzzle nicht!*).

Sie könnten zum Beispiel fragen: *Warum klappt es nicht? Ach so, du kannst das nächste Puzzleteil nicht finden. Welche Farben muss das fehlende Puzzleteil denn haben? Und welche Form muss es haben? ...Gut, dann suchen wir jetzt nach einem grünen Puzzleteil mit einer geraden Seite.*

Woche 3

Übung 3 Ideen für absichtliches Ignorieren

- Für welche unerwünschten aufmerksamkeitssuchenden Verhaltensweisen könnten Sie absichtliches Ignorieren einsetzen?

Absichtliches Ignorieren ist am besten für Verhaltensweisen geeignet, mit denen Kinder versuchen, die Aufmerksamkeit ihrer Eltern auf sich zu ziehen, die die Eltern aber nicht fördern möchten (z.B. Quengeln, Grimassen schneiden, komische Geräusche machen und Schimpfwörter benutzen).

- Wann sollten Sie aufhören, ein Verhalten zu ignorieren?

Hören Sie erst mit absichtlichem Ignorieren auf, wenn Ihr Kind das Verhalten beendet hat (und loben Sie Ihr Kind dann für sein angemessenes Verhalten). Sie sollten auch aufhören, ein Verhalten zu ignorieren, wenn sich das Verhalten in seiner Qualität verändert und sich zu ernsthaftem herausforderndem Verhalten entwickelt (z.B. wenn Ihr Kind aggressiv wird und andere schlägt). In diesem Fall sollten Sie eine andere Erziehungsfertigkeit zum Umgang mit herausforderndem Verhalten anwenden (z.B. klare, ruhige Anweisungen, logische Konsequenzen, ruhige Zeit und Auszeit (siehe Woche 3).

- Was würde es für Sie erschweren, ein Verhalten absichtlich zu ignorieren, und wie könnten Sie damit umgehen?

Viele Eltern finden es schwierig, Jammern und Quengeln zu ignorieren. Andere finden es unangenehm, beim Absichtlichen Ignorieren von anderen beobachtet zu werden (z.B. bei Familienfesten oder unterwegs) und empfinden es dann als zu anstrengend. Sollte dies der Fall sein, ist es besser, absichtliches Ignorieren nicht anzuwenden. Es funktioniert nämlich nur, wenn Sie das unerwünschte Verhalten so lange ignorieren, bis es aufhört. Wenn Sie absichtliches Ignorieren einsetzen möchten, kann es hilfreich sein, sich zu überlegen, was Sie zu sich selbst sagen könnten, um es konsequent durchzuhalten (z.B. *Ich weiß, dass er aufhören wird zu quengeln, wenn es sich nicht auszahlt...ich muss nur lange genug durchhalten.*). Eventuell hilft es auch, wenn Sie ein paar Mal tief durchatmen und versuchen, sich abzulenken, bis das herausfordernde Verhalten vorbei ist.

Übung 4 Ideen für klare, ruhige Anweisungen

- Es ist Zeit zum Abendessen.

Mia, es ist Zeit zum Abendessen, komm bitte an den Tisch! oder *Mia, bitte komm jetzt essen und setz' dich auf deinen Platz!*. (Geben Sie die Anweisung ruhig zweimal, da es sich um eine Aufforderung handelt, mit einer neuen Tätigkeit zu beginnen.)

- Ihr Kind springt auf dem Sofa herum.

Paul, hör' auf, auf dem Sofa herumzuspringen. Bitte setz' dich auf das Sofa. (Wiederholen Sie die Anweisung nicht, da es sich um eine Aufforderung handelt, mit einem unerwünschten Verhalten aufzuhören.)

- Die Spielsachen sind auf dem Boden verstreut.

Jan, bitte geh' und räum' das Spielzeug in die Kiste!, oder *Jan, es ist Zeit zum Aufräumen. Hilf mir bitte, das Spielzeug in die Kiste zu räumen.* (Geben Sie die Anweisung ruhig zweimal, da es sich um eine Aufforderung handelt, mit einer neuen Tätigkeit zu beginnen.)

- Ihr Kind unterbricht Sie, während Sie telefonieren.

Anna, hör' auf, an meinem Kleid zu zupfen. Wenn du etwas von mir möchtest, sag' ‚Mama' und warte, bis ich Zeit habe. (Wiederholen Sie die Anweisung nicht, da es sich um eine Aufforderung handelt, mit einem unerwünschtem Verhalten aufzuhören.)

- Es ist Zeit, das Haus zu verlassen.

Lukas, es ist Zeit, sich für den Kindergarten fertig zu machen. Komm' bitte und zieh' dir die Sandalen an., oder *Lukas, geh' jetzt bitte und hol' deine Kindergartentasche.* (Geben Sie die Anweisung ruhig zweimal, da es sich um eine Aufforderung handelt, mit einer neuen Tätigkeit zu beginnen.)

Versuchen Sie, die folgenden Formulierungen zu vermeiden, wenn Sie möchten, dass Ihr Kind Ihrer Aufforderung nachkommt:

Würdest du gern...?
Könntest du bitte ...?
Würdest du bitte ...?
Ich fände es toll, wenn du ...
Es würde mich freuen, wenn du ...
Willst du nicht ...?
Dies sind Beispiele für unklare Anweisungen, weil sie dem Kind nicht genau sagen, was es tun soll. Wenn Sie Aufforderungen als Frage formulieren, lassen Sie dem Kind eine Wahl, sodass es mit *Nein* antworten kann. Tun Sie dies möglichst nur, wenn Sie Ihrem Kind die Wahl auch wirklich lassen wollen und können. Aufforderungen, die lediglich eine Aussage darüber machen, was Eltern gerne möchten, haben ebenfalls keinen Aufforderungscharakter.

Übung 5 Logische Konsequenzen auswählen

- Ihr Kind spielt während des Essens mit seinem Getränk.

Entfernen Sie das Getränk für 5-30 Minuten (z.B. *Du spielst immer noch mit deinem Getränk, deshalb stelle ich es jetzt für fünf Minuten weg.*).

- Ihr Kind geht beim Spielen grob mit anderen Kindern um.

Trennen Sie die Kinder für 5-30 Minuten (z.B. *Du spielst zu wild mit den anderen. Deswegen musst du jetzt zehn Minuten alleine spielen.*).

- Ihr Kind läuft während eines Spaziergangs zu weit weg.

Lassen Sie Ihr Kind ein bis zwei Minuten bzw. 10-20 Schritte lang an Ihrer Hand gehen (z.B. *Du läufst zu weit von mir weg, deshalb musst du jetzt 20 Schritte lang an meiner Hand gehen.*).

- Ihr Kind klettert auf der Fensterbank herum.

Bringen Sie Ihr Kind für 5-30 Minuten aus der Reichweite des Fensters (z.B. *Du bleibst nicht mit den Füßen auf dem Fußboden, wie ich es dir gesagt habe. Das ist zu gefährlich. Deshalb musst du jetzt für fünf Minuten vom Fenster wegkommen.*).

- Ihr Kind bemalt die Tapete.

Nehmen Sie Ihrem Kind die Stifte für 5-30 Minuten weg oder sagen Sie ihm, dass es die Wand wieder sauber machen muss, wenn es das bereits kann (z.B. *Du malst immer noch die Tapete an, deshalb räume ich die Stifte jetzt für zehn Minuten weg.*).

Für Kleinkinder und Kindergartenkinder sollten die Konsequenzen nicht länger als fünf bis zehn Minuten dauern. Bei Grundschulkindern können Sie längere Zeiträume von bis zu 30 Minuten wählen.

Übung 6 Den Einsatz der ruhigen Zeit vorbereiten

- Wo kann die ruhige Zeit stattfinden?

Jeder Platz am gleichen Ort, an dem das Problem aufgetreten ist und bei dem das Kind sich am Rande des Geschehens befindet (z.B. ein Stuhl in der Küche oder der Fußboden im Wohnzimmer).

- Was erklären Sie Ihrem Kind, wenn Sie die ruhige Zeit mit ihm vorbesprechen?

Es ist wichtig, dass Ihr Kind weiß, was die ruhige Zeit bedeutet, bevor Sie sie anwenden. Setzen Sie sich in einer ruhigen Minute mit Ihrem Kind zusammen, erklären Sie ihm, welches konkrete Verhalten die ruhige Zeit zur Folge haben wird, und gehen Sie mit ihm den Ablauf der ruhigen Zeit Schritt für Schritt durch. Erklären Sie ihm die Regeln der ruhigen Zeit. Vergewissern Sie sich, dass Ihr Kind verstanden hat, dass es sich eine bestimmte Zeit ruhig verhalten muss, bevor es mit seiner Beschäftigung weitermachen darf.

- Was sagen Sie zu Ihrem Kind, wenn Sie es in die ruhige Zeit bringen?

Du hast nicht getan, was ich dir gesagt habe. Deshalb hast du nun eine ruhige Zeit. Du musst dich zwei Minuten lang ruhig verhalten, bis die ruhige Zeit vorbei ist.

- Wie lange soll Ihr Kind während der ruhigen Zeit ruhig sein?

Eine Minute für Kleinkinder bis zu zwei Jahren; zwei Minuten für Drei- bis Fünfjährige und maximal fünf Minuten für Fünf- bis Zehnjährige.

- Wann schenken Sie Ihrem Kind wieder Aufmerksamkeit und sprechen wieder mit ihm?

Erst wieder dann, wenn es sich für die festgelegte Zeit ruhig verhalten hat. Beginnen Sie erst, die Zeit zu stoppen, wenn Ihr Kind wirklich ruhig ist (nicht bereits dann, wenn Sie es in die ruhige Zeit bringen). Sprechen Sie während der ruhigen Zeit nicht mit Ihrem Kind.

- Was sagen Sie zu Ihrem Kind, wenn die ruhige Zeit vorüber ist?

Danke, dass du dich ruhig verhalten hast. Die ruhige Zeit ist jetzt beendet. Achten Sie nach der ruhigen Zeit auf angemessenes Verhalten und loben Sie Ihr Kind so bald wie möglich.

- Was können Sie tun, wenn Ihr Kind nicht ruhig ist oder ruhig sitzen bleibt?

Geben Sie Ihrem Kind zehn Sekunden Zeit, um in der ruhigen Zeit zur Ruhe zu kommen. Wenn Ihr Kind sich nach zehn Sekunden nicht ruhig verhält, sagen Sie ihm, was es falsch gemacht hat und bringen Sie es in die Auszeit: *Du bist in der ruhigen Zeit nicht ruhig gewesen, deshalb musst du jetzt in die Auszeit gehen.* Wenn Ihr Kind nicht an dem Platz bleibt, wo die ruhige Zeit durchgeführt werden soll, sagen Sie ihm ebenfalls, was es falsch gemacht hat, und bringen Sie es in die Auszeit.

Übung 7 Den Einsatz der Auszeit vorbereiten

- Welcher Raum oder Platz in Ihrem Zuhause eignet sich gut für die Auszeit?

Sie können das Badezimmer, Ihr Schlafzimmer oder jeden anderen kindersicheren Raum wählen, in dem sich Ihr Kind nicht verletzen kann und keine Angst hat.

- Was erklären Sie Ihrem Kind, wenn Sie die Auszeit mit ihm vorbesprechen?

Es ist wichtig, dass Ihr Kind weiß, was die Auszeit bedeutet, bevor Sie sie anwenden. Setzen Sie sich in einer ruhigen Minute mit Ihrem Kind zusammen, erklären Sie ihm, welches konkrete Verhalten eine Auszeit zur Folge haben wird und gehen Sie mit ihm den Ablauf der Auszeit Schritt für Schritt durch. Erklären Sie ihm die Regeln der Auszeit. Vergewissern Sie sich, dass Ihr Kind verstanden hat, dass es sich eine festgelegte Zeit ruhig verhalten muss, bevor es aus der Auszeit zurückkommen darf.

- Was sagen Sie zu Ihrem Kind, wenn Sie es in die Auszeit bringen?

Du hast nicht getan, was ich dir gesagt habe. Deshalb musst du jetzt in die Auszeit gehen. Du musst dich zwei Minuten lang ruhig verhalten, bevor du den Auszeit-Raum verlassen darfst.

- Wie lange soll Ihr Kind sich in der Auszeit ruhig verhalten?

Eine Minute für Kleinkinder ab zwei Jahren; zwei Minuten für Drei- bis Fünfjährige und maximal fünf Minuten für Fünf- bis Zehnjährige.

- Wann sprechen Sie wieder mit Ihrem Kind?

Erst wieder dann, wenn es sich für die festgelegte Zeit ruhig verhalten hat. Beginnen Sie erst, die Zeit zu stoppen, wenn Ihr Kind wirklich ruhig ist (nicht bereits dann, wenn Sie es in die Auszeit schicken). Sprechen Sie während der Auszeit nicht mit Ihrem Kind und lassen Sie es nicht aus dem Auszeit-Raum, wenn es noch schreit oder Krach macht.

- Was sagen Sie zu Ihrem Kind, wenn die Auszeit vorüber ist?

Danke, dass du ruhig gewesen bist. Du kannst jetzt rauskommen. Achten Sie nach der Auszeit auf angemessenes Verhalten und loben Sie Ihr Kind so bald wie möglich.

- Was können Sie tun, wenn Ihr Kind sich nach der Auszeit weigert, den Auszeit-Raum zu verlassen?

Sagen Sie Ihrem Kind, dass die Auszeit vorbei ist, und schlagen Sie ihm eine Beschäftigung vor. Wenn Ihr Kind sich weigert herauszukommen, dann lassen Sie es in Ruhe, bis es den Raum verlassen möchte. Schenken Sie Ihrem Kind keine Aufmerksamkeit, solange es im Auszeit-Raum bleibt. Beobachten Sie Ihr Kind und loben Sie es, wenn es wieder eine Aktivität aufnimmt.

- Was können Sie tun, wenn Ihr Kind im Auszeit-Raum große Unordnung gemacht hat?

Bleiben Sie ruhig und warten Sie, bis Ihr Kind sich für die festgelegte Zeit ruhig verhalten hat. Sagen Sie Ihrem Kind dann in ruhigem Ton, dass die Auszeit vorbei ist und dass es den Raum verlassen darf, wenn es aufgeräumt hat. Denken Sie daran, realistische, altersangemessene Erwartungen an Ihr Kind zu stellen, was das Aufräumen betrifft. Lassen Sie Ihr Kind aus dem Auszeit-Raum kommen, sobald er wieder einigermaßen ordentlich ist.

- Was können Sie tun, wenn Ihr Kind aus der Auszeit kommt, bevor sie vorüber ist?

Die Auszeit wird von Ihnen bestimmt und nicht von Ihrem Kind. Sie müssen entscheiden, wann Ihr Kind den Raum wieder verlassen darf. Wenn Ihr Kind aus der Auszeit kommt, bevor die Zeit vorbei ist, bringen Sie es zurück und gehen Sie sicher, dass Ihr Kind den Raum nicht wieder verlassen kann. Alternativ können Sie es jedes Mal wieder ruhig zurückbringen, wenn es den Auszeit-Raum verlassen hat – so lange, bis es sich für die festgelegte Zeit ruhig verhalten hat.

- Was könnte passieren, wenn Sie Ihrem Kind mit der Auszeit drohen?

Das Kind könnte lernen, erst auf eine Drohung zu reagieren und nicht bereits dann, wenn Sie ihm eine Anweisung geben. Wenn die Auszeit nicht jedes Mal konsequent umgesetzt wird, wenn ein ernsthaftes herausforderndes Verhalten auftritt, ist die Wahrscheinlichkeit hoch, dass sich das Verhalten verschlimmert.

- Was könnte passieren, wenn Sie Ihrem Kind erlauben, den Auszeit-Raum zu verlassen, ohne dass es sich beruhigt hat?

Ihr Kind lernt dann vielleicht, dass es nur laut genug schreien, weinen oder quengeln muss, damit es aus der Auszeit kommen darf (Eskalationsfalle). Außerdem ist die Wahrscheinlichkeit groß, dass es erneut zu herausforderndem Verhalten kommt, wenn Sie Ihr Kind aus der Auszeit lassen, bevor es sich beruhigt hat. Um die Eskalationsfalle zu durchbrechen, müssen Kinder lernen, dass Sie nur dann die Aufmerksamkeit Ihrer Eltern bekommen, wenn Sie sich angemessen verhalten und nicht, wenn sie sich daneben benehmen.

Arbeitsblätter

Sie können diese Arbeitsblätter kopieren. Denken Sie daran, die Kopiervorlagen frei zu lassen, damit Sie jederzeit zusätzliche Kopien machen können, wenn Sie Bedarf haben.

Verhaltenstagebuch

Anleitung: Tragen Sie das herausfordernde Verhalten ein, außerdem wann und wo es aufgetreten und was vor und nach dem problematischen Ereignis passiert ist.

Verhalten: .... Tag: ....

PROBLEMATISCHES EREIGNIS	WANN UND WO TRAT ES AUF?	WAS PASSIERTE VOR DEM EREIGNIS?	WAS GESCHAH DANACH?	WEITERE BEMERKUNGEN

Häufigkeitsbogen

Anleitung: Schreiben Sie den Tag in die erste Spalte, machen Sie dann jedes Mal, wenn das Verhalten an diesem Tag auftritt, einen Haken in der entsprechenden Zeile. Zählen Sie am Ende der Zeile die Häufigkeit des Verhaltens für jeden Tag zusammen.

Verhalten: .... Startdatum: ....

TAG	1	2	3	4	5	6	7	8	9	10	11	12	13	14	15	GESAMT

Zeitdauerprotokoll

Anleitung: Schreiben Sie in die erste Spalte den Tag. Notieren Sie dann in den Spalten für jedes Mal, wenn das Verhalten aufgetreten ist, wie lange es gedauert hat (in Sekunden, Minuten oder Stunden). Zählen Sie am Ende des Tages zusammen, wie lange das Verhalten insgesamt aufgetreten ist, und tragen Sie die Summe in die letzte Spalte ein.

Verhalten: .... Startdatum: ....

TAG	1	2	3	4	5	6	7	8	9	10	GESAMT

Zeitabschnittbogen

Anleitung: Wählen Sie die Zeitabschnitte, die Sie erfassen möchten, und schreiben Sie sie in die erste Spalte. Markieren Sie das entsprechende Feld mit einem Häkchen, wenn das Verhalten mindestens einmal in diesem Zeitabschnitt auftritt. Setzen Sie einen Gedankenstrich, wenn das Verhalten nicht vorkommt. Notieren Sie die Gesamtzahl der Häkchen für jeden Tag unter jeder Spalte.

Verhalten: .... Beginn der Beobachtung: ....

ZEIT	M	D	M	D	F	S	S	M	D	M	D	F	S	S
SUMME														

Verhaltenskurve

Anleitung: Markieren Sie die Häufigkeit, mit der ein Verhalten an einem bestimmten Tag aufgetreten ist, indem Sie an entsprechender Stelle ein Kreuz oder einen Punkt machen. Verbinden Sie dann die Punkte zu einer Kurve.

Verhalten: .... Monat: ....

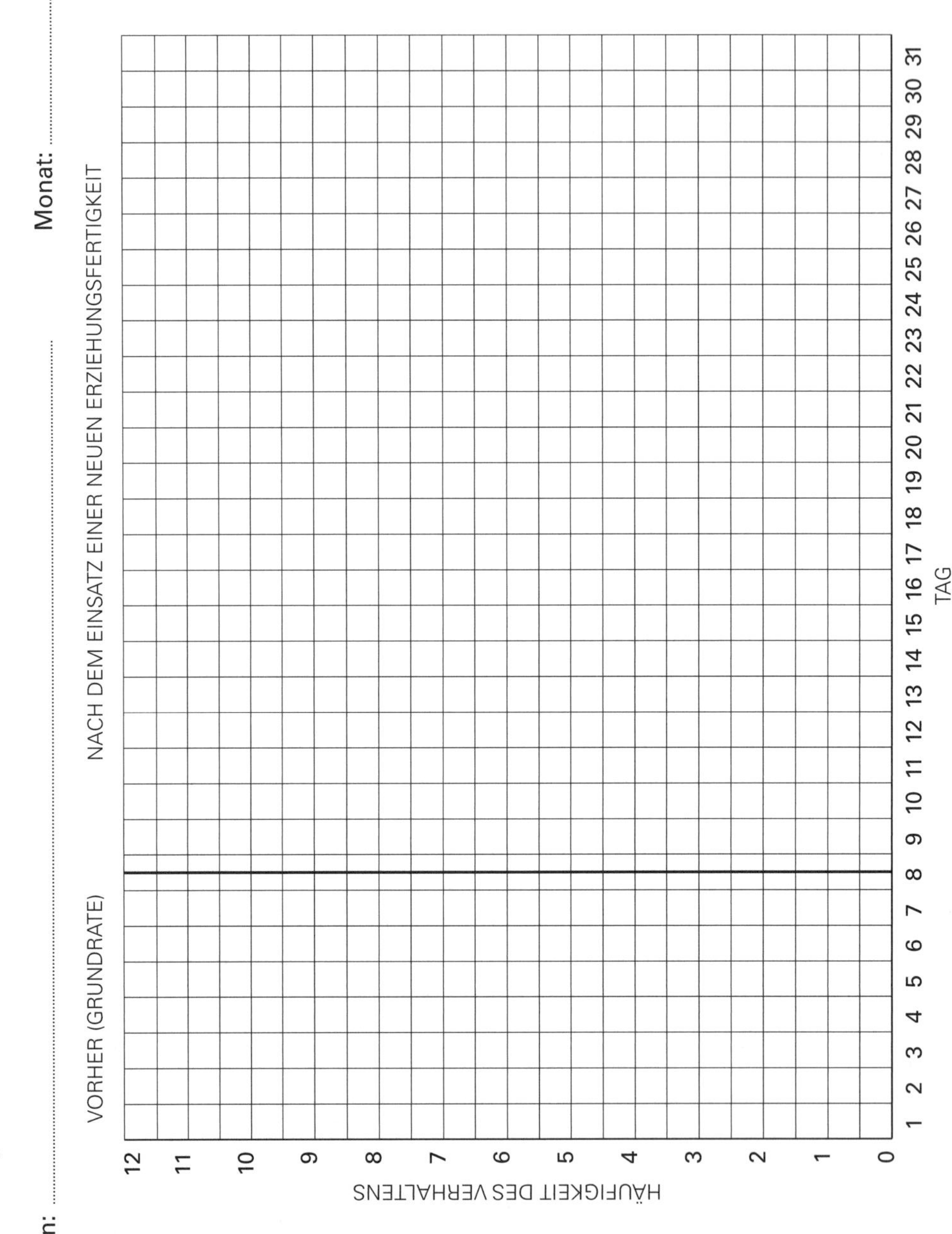

Checkliste zur Förderung der kindlichen Entwicklung

Anleitung: Wählen Sie zwei Erziehungsfertigkeiten aus, die in der zweiten Woche besprochen wurden und die Sie in der nächsten Woche üben wollen. Setzen Sie sich dabei möglichst konkrete Ziele. Ein Ziel könnte beispielsweise sein, Ihr Kind jeden Tag mindestens fünf Mal beschreibend zu loben. Halten Sie in der Tabelle jeden Tag fest, ob Sie Ihre Ziele erreicht haben. Schreiben Sie kurz auf, was gut geklappt hat und ob Probleme aufgetreten sind.

1. ZIEL:

....

....

2. ZIEL:

....

....

TAG	1. ZIEL JA/NEIN	2. ZIEL JA/NEIN	ANMERKUNGEN
1			
2			
3			
4			
5			
6			
7			

Auszeit-Beobachtungsbogen

Anleitung: Notieren Sie den Tag, das herausfordernde Verhalten, wann und wo es aufgetreten ist und die Dauer, für die Ihr Kind im Auszeit-Raum war.

Festgelegte Zeit für die Auszeit: 2 Min. ☐ 3 Min. ☐ 4 Min. ☐ 5 Min. ☐

TAG	HERAUSFORDERNDES VERHALTEN	WANN UND WO TRAT ES AUF	DAUER, FÜR DIE DAS KIND IM AUSZEIT-RAUM WAR

Checkliste für die praktische Übung

Anleitung: Notieren Sie Ihre Ziele für die praktische Übung. Formulieren Sie diese so konkret wie möglich. Ein konkretes Ziel ist zum Beispiel „mindestens dreimal beschreibend loben". Halten Sie in der Checkliste fest, ob Sie Ihre Ziele erreicht haben. Beschreiben Sie, was gut geklappt hat und welche Schwierigkeiten aufgetreten sind.

ZIEL 1:

....

....

ZIEL 2:

....

....

ZIEL 3:

....

....

	ZIEL ERREICHT? JA/NEIN	KOMMENTARE
ZIEL 1		
ZIEL 2		
ZIEL 3		

Checkliste zum Umgang mit häufigem Unterbrechen und Stören

Anleitung: Sie können diese Checkliste nutzen, wenn Ihr Kind Sie bei einem Gespräch oder einer Beschäftigung unterbricht. Notieren Sie für jeden einzelnen Schritt, ob Sie ihn durchgeführt haben (J) oder nicht (N). Es kann auch sein, dass ein Schritt nicht anwendbar war (NA).

	TAG						
SCHRITTE	SCHRITT AUSGEFÜHRT?						
1. Gewinnen Sie die Aufmerksamkeit ihres Kindes — sprechen Sie es mit seinem Namen an.							
2. Sagen Sie ihm ruhig, womit es aufhören und was es stattdessen tun soll — *Unterbrich mich jetzt nicht. Warte, bis ich fertig bin und frag' dann noch mal.*							
3. Wenn Ihr Kind wartet, bis Sie fertig sind oder eine Pause machen, loben Sie es für das Warten und schenken Sie ihm dann Aufmerksamkeit.							
4. Wenn Ihr Kind nicht tut, wozu Sie es aufgefordert haben, sagen Sie ihm, was es falsch gemacht hat und welche Konsequenz das hat — *Du unterbrichst mich weiterhin. Du hast jetzt eine Minute ruhige Zeit.* Vermeiden Sie, darüber zu diskutieren oder sich deswegen zu streiten.							
5. Wenn Ihr Kind während der ruhigen Zeit nicht ruhig ist, sagen Sie ihm, was es falsch gemacht hat und welche Konsequenz das hat — *Du verhältst dich nicht ruhig in der ruhigen Zeit. Jetzt gehst du für eine Minute in die Auszeit.* Vermeiden Sie, darüber zu diskutieren oder sich deswegen zu streiten. Bringen Sie Ihr Kind geradewegs in die Auszeit.							
6. Beenden Sie die ruhige Zeit bzw. Auszeit, wenn Ihr Kind die vereinbarte Zeit ruhig war. Unterstützen Sie es dabei, sich zu beschäftigen oder angemessen zu verhalten.							
7. Loben Sie Ihr Kind, sobald es sich angemessen verhält.							
ANZAHL ERFOLGREICH DURCHGEFÜHRTER SCHRITTE:							

Checkliste zum Umgang mit Streiten/nicht mit anderen teilen wollen

Anleitung: Sie können diese Checkliste nutzen, wenn Ihr Kind sich streitet, nicht mit anderen teilen oder sich beim Spielen nicht abwechseln möchte. Notieren Sie für jeden einzelnen Schritt, ob Sie ihn durchgeführt haben (J) oder nicht (N). Es kann auch sein, dass ein Schritt nicht anwendbar war (NA).

	TAG						
SCHRITTE	SCHRITT AUSGEFÜHRT?						
1. Gewinnen Sie die Aufmerksamkeit ihres Kindes — sprechen Sie es mit seinem Namen an.							
2. Sagen Sie ihm, womit es aufhören und was es stattdessen tun soll — *Hört auf zu streiten. Wechselt euch beim Spielen ab.*							
3. Loben Sie Ihr Kind, wenn es tut, wozu Sie es aufgefordert haben.							
4. Wenn Ihr Kind nicht tut, wozu Sie es aufgefordert haben, sagen Sie ihm, was es falsch gemacht hat und welche Konsequenz das hat — *Ihr habt euch nicht abgewechselt, so wie ich es gesagt habe. Jetzt nehme ich das Spiel für zwei Minuten weg.* Vermeiden Sie, darüber zu diskutieren oder sich deswegen zu streiten.							
5. Ignorieren Sie Ihr Kind absichtlich, wenn es Ihnen widerspricht oder sich darüber beschwert.							
6. Geben Sie das Spielzeug zurück bzw. ermöglichen Sie die Beschäftigung erneut, wenn die vereinbarte Zeit vorbei ist.							
7. Loben Sie Ihr Kind dafür, dass es sich abwechselt oder einigt und helfen Sie ihm gegebenenfalls dabei.							
8. Wenn das Problem erneut auftritt, wiederholen Sie die Konsequenz für eine längere Zeitspanne oder setzen Sie die ruhige Zeit ein.							
ANZAHL ERFOLGREICH DURCHGEFÜHRTER SCHRITTE:							

Checkliste zum Umgang mit aggressivem Verhalten

Anleitung: Sie können diese Checkliste nutzen, wenn Ihr Kind sich aggressiv verhält. Notieren Sie für jeden einzelnen Schritt, ob Sie ihn durchgeführt haben (J) oder nicht (N). Es kann auch sein, dass ein Schritt nicht anwendbar war (NA).

	TAG						
SCHRITTE	SCHRITT AUSGEFÜHRT?						
1. Gewinnen Sie die Aufmerksamkeit Ihres Kindes — sprechen Sie es mit seinem Namen an.							
2. Sagen Sie ihm, womit es aufhören und was es stattdessen tun soll — *Hör' auf zu schlagen! Behalte deine Hände bei dir und sag' mit ruhiger Stimme, was du möchtest!*							
3. Loben Sie Ihr Kind, wenn es tut, wozu Sie es aufgefordert haben.							
4. Wenn Ihr Kind nicht tut, wozu Sie es aufgefordert haben, sagen Sie ihm, was es falsch gemacht hat und welche Konsequenz das hat — *Du schlägst immer noch. Geh' jetzt für zwei Minuten in die ruhige Zeit.* Wenn nötig, bringen Sie Ihr Kind in die ruhige Zeit. Diskutieren Sie nicht darüber.							
5. Wenn Ihr Kind während der ruhigen Zeit nicht ruhig ist, sagen Sie ihm, was es falsch gemacht hat und welche Konsequenz das hat — *Du verhältst dich nicht ruhig in der ruhigen Zeit. Geh' jetzt für zwei Minuten in die Auszeit.* Bringen Sie es direkt in die Auszeit.							
6. Beenden Sie die ruhige Zeit bzw. Auszeit, wenn Ihr Kind die vereinbarte Zeit ruhig war. Unterstützen Sie es dabei, sich zu beschäftigen oder angemessen zu verhalten.							
7. Loben Sie Ihr Kind, sobald es sich angemessen verhält.							
ANZAHL ERFOLGREICH DURCHGEFÜHRTER SCHRITTE:							

Checkliste zum Umgang mit Wutanfällen

Anleitung: Sie können diese Checkliste nutzen, wenn Ihr Kind einen Wutanfall bekommt. Notieren Sie für jeden einzelnen Schritt, ob Sie ihn durchgeführt haben (J) oder nicht (N). Es kann auch sein, dass ein Schritt nicht anwendbar war (NA).

	TAG						
SCHRITTE	SCHRITT AUSGEFÜHRT?						
ENTWEDER a) Wenden Sie absichtliches Ignorieren an, wenn Ihr Kind jünger als 2 Jahre ist. ODER B) Gewinnen Sie die Aufmerksamkeit Ihres Kindes so gut Sie können und folgen sie den folgenden Schritten.							
1. Gewinnen Sie die Aufmerksamkeit Ihres Kindes. Sagen Sie ihm, womit es aufhören und was es stattdessen tun soll — *Hör' auf zu schreien. Sprich mit ruhiger Stimme.*							
2. Loben Sie Ihr Kind, wenn es tut, wozu Sie es aufgefordert haben.							
3. Wenn Ihr Kind nicht tut, wozu Sie es aufgefordert haben, sagen Sie ihm, was es falsch gemacht hat und welche Konsequenz das hat — *Du hast nicht getan, was ich gesagt habe. Geh' jetzt für eine Minute in die Auszeit.* Diskutieren Sie nicht darüber. Bringen Sie Ihr Kind direkt in die Auszeit.							
4. Beenden Sie die Auszeit, wenn Ihr Kind die vereinbarte Zeit ruhig war. Unterstützen Sie es dabei, sich zu beschäftigen oder angemessen zu verhalten.							
5. Loben Sie Ihr Kind, sobald es sich angemessen verhält.							
ANZAHL ERFOLGREICH DURCHGEFÜHRTER SCHRITTE:							

Checkliste zum Umgang mit Quengeln und Jammern

Anleitung: Sie können diese Checkliste nutzen, wenn Ihr Kind quengelt oder jammert. Notieren Sie für jeden einzelnen Schritt, ob Sie ihn durchgeführt haben (J) oder nicht (N). Es kann auch sein, dass ein Schritt nicht anwendbar war (NA).

	TAG						
SCHRITTE	SCHRITT AUSGEFÜHRT?						
1. Gewinnen Sie die Aufmerksamkeit Ihres Kindes — sprechen Sie es mit seinem Namen an.							
2. Sagen Sie ihm, womit es aufhören und was es stattdessen tun soll — *Hör' auf zu quengeln. Sag' mit normaler Stimme, was du möchtest.*							
3. Loben Sie Ihr Kind, wenn es tut, wozu Sie es aufgefordert haben.							
4. Wenn Ihr Kind nicht tut, wozu Sie es aufgefordert haben, sagen Sie ihm, was es falsch gemacht hat und welche Konsequenz das hat — *Du hast nicht aufgehört zu quengeln. Ich packe das Eis jetzt für zwei Minuten weg. Frag' danach noch mal.* Vermeiden Sie, darüber zu diskutieren oder sich deswegen zu streiten.							
5. Ignorieren Sie Ihr Kind absichtlich, wenn es Ihnen widerspricht oder sich darüber beschwert.							
6. Wenn die Zeit um ist und Ihr Kind aufgehört hat zu quengeln, loben Sie es, weil es ruhig ist, und geben Sie ihm Gelegenheit zu sagen, was es möchte.							
7. Wenn Ihr Kind angemessen sagt, was es möchte, loben Sie es und erfüllen Sie ihm wenn möglich seinen Wunsch.							
8. Wenn das Problem erneut auftritt, wiederholen Sie die Konsequenz für eine längere Zeitspanne oder setzen Sie die ruhige Zeit ein.							
ANZAHL ERFOLGREICH DURCHGEFÜHRTER SCHRITTE:							

Aktivitätenplan

Risikosituation

Eine Übung planen (Wann? Wo? Mit wem?)

Vorausplanen und vorbereiten

Regeln festlegen

Interessante Beschäftigungen auswählen

Belohnungen für angemessenesVerhalten

Konsequenzen für herausforderndes Verhalten

Nachbesprechung und Ziele für das nächste Mal

Checkliste für Aktivitätenpläne

Risikosituation: ....

Anleitung: Notieren Sie jeweils beim Auftreten der Situation, ob Sie die einzelnen Schritte durchgeführt haben (Ja) oder nicht (Nein). Es kann auch sein, dass ein Schritt nicht anwendbar war (NA).

	TAG						
SCHRITTE	SCHRITTE DURCHGEFÜHRT?						
1.							
2.							
3.							
4.							
5.							
6.							
ANZAHL DURCHGEFÜHRTER SCHRITTE							

Notizen

Notizen